Wally und Horst Hagen

Die Sache mit dem Storch

Das Sexualleben der Tiere

Rasch und Röhring Verlag

Bildnachweis: Bildnummern 1–8 und 10–18 Horst Hagen. Bildnummer 9 Barbara Voigt

Die Deutsche Bibliothek – CIP-Einheitsaufnahme

Hagen, Wally:
Die Sache mit dem Storch: das Sexualleben der Tiere/
Wally und Horst Hagen. – Hamburg: Rasch und Röhring, 1993
ISBN 3-89136-472-5
NE: Hagen, Horst:

Umschlaggestaltung: Peter Albers unter Verwendung einer Abbildung von J. + R. Bischoff
Satzherstellung: KCS GmbH, Buchholz/Hamburg
Druck und Bindearbeiten: Bercker Graph. Betrieb GmbH, Kevelaer
Printed in Germany

Inhalt

Einführung

Das Storchenpaar in Deezbüll

Als wir im Jahre 1952 heirateten, wurde dem Storch noch unterstellt – jedenfalls beim Menschen – die Kinder zu bringen. Zu diesem Zeitpunkt waren wir nicht so ganz sicher, wie es sich mit dem Storch, den Babys und dem Biß ins Bein nun tatsächlich verhielt. Aus Gründen unserer damals noch nicht so genannten Familienplanung wollten wir seinerzeit noch nichts mit ihm zu tun haben. Dennoch erwarteten wir ihn täglich. Direkt unserem Wohnzimmerfenster gegenüber befand sich auf der Dorfkirche im nordfriesischen Deezbüll ein Storchennest. Wir wollten beobachten, wie die Störche selbst es anstellen, um Kinder zu bekommen.
Es war März, und Storch und Störchin waren längst auf der Rückreise von Afrika, wo sie, uns nur allzu verständlich, den in Nordfriesland ja wirklich naßkalten Winter verbrachten. Der Storchenmann war ein paar Tage vor der Störchin »zu Hause«. Um das Nest kümmerte er sich nicht allzuviel. Gelegentlich stocherte er im reichlich aus Vorjahren zurückgebliebenen Nistmaterial. Ab und zu trug er ein Zweiglein oder anderes Material zur Renovierung herbei. Meist stand er nur herum, verließ das Nest nie für längere Zeit, sondern höchstens, um sich auf nahen Feldern eine Maus zu holen. Sechs Tage später traf auch die Störchin ein. Ob es dieselbe wie im Vorjahr war, blieb für uns offen. Jedenfalls kamen die beiden gleich zur Sache. Zunächst natürlich zur Balz, wenn man diesen Ausdruck dafür überhaupt benutzen will. Dieses der

Kopula vorausgehende Verhalten lief auch später ähnlich ab, wenn ein Partner nach Hause zum Nest kam, etwa zur Brutablösung oder um dort nur herumzustehen.
Beide klapperten ein paarmal heftig mit dem Schnabel und warfen dabei den Kopf in den Nacken, so daß die Schnäbel steil in den Himmel oder meist sogar über den Rücken nach hinten zeigten. Schon am zweiten Tag beobachteten wir mehrfache Kopulationen. Die Begattungen selbst begannen immer ziemlich plötzlich. Bei vielen Säugetieren spricht man vom »Bespringen«, bei Vögeln nennt man es oft »Treten«. Die Störchin duckte sich dazu ein wenig und hob den Kopf steil gen Himmel. Der Storch sprang mit beiden Beinen auf ihren Rücken, und während er mit weit gespreizten Flügeln Gleichgewicht haltend mit den Füßen auf ihrem Gefieder nach Halt suchte, sah es tatsächlich aus, als würde er sie treten. Dann begann die eigentliche geschlechtliche Vereinigung, bei der sich das Männchen auf den Rücken des Weibchens setzte.
Im übrigen jedoch verlief das Storchenleben in diesen Tagen – noch ohne Eier oder Jungen im Nest – recht einförmig und sachlich. Mit vereinten Kräften wurde Hausputz im Horst gemacht. Offenbar war es nur in unseren Augen sinnlos, daß einer der Partner ein gerade eben neu herbeigeschafftes Ästchen am Rande des Nests zwischen die alten Knüppel schob und der andere das soeben verbaute Nistmaterial dann wieder herauszog und an einer anderen Stelle verwendete. Zum Schluß wurde Polstermaterial in die große Nestmulde geschafft. Beide Partner drängten sich danach, abwechselnd durch Wackelbewegungen im Sitzen eine ordentliche Grundlage für die Eier und danach eine gute Kinderstube für den Nachwuchs zu schaffen.
Am zufällig etwas dunkleren Schnabel des Weibchens, vor allem aber am Verhalten konnten wir die Geschlechter auseinanderhalten. Die Störchin saß immer länger im leeren Nest – ganz, als ob sie es ausformen wollte. In dieser Zeit

stolzierte ihr Partner auf dem Nestrand umher. Ein paarmal ging er links herum, dann rechts herum. Immer wieder verschob er am Nestrand ein paar Zweige, und zunehmend häufiger berührte er das Weibchen mit dem Schnabel. Er piekte es vorsichtig, aber deutlich in den Rücken und stieß mit dem Schnabel gegen seinen Hinterkopf. Auch uns Menschen wurde deutlich, daß er seine Partnerin »anmachen« wollte, sich hinzustellen. Sie konnte diesen Aufforderungen auf Dauer nicht widerstehen, erhob sich und stellte sich neben ihn. Es wirkte etwas verlegen, und es galt mit Sicherheit nicht der Konstruktion des Nestes, als beide dicht nebeneinander mit den Schnäbeln vorsichtig Zweige hin- und herschoben. Ab und zu stellten sich beide in unmittelbarer Körperberührung nebeneinander, manchmal Brust an Brust, dann wieder Seite an Seite, manchmal in Parallelstellung, wobei einmal beide in die gleiche und dann wieder in entgegengesetzte Richtung sahen. In dieser Phase war Gefiederkraulen angesagt. Ein Storch zog die Federn des anderen durch seinen Schnabel. Zuerst ein paar Brust- oder Rückenfedern, dann auch die langen Schwungfedern aus den Flügeln. Uns kam das vor wie ein Ausdruck intimer Vertrautheit. Zwischendurch erhoben beide immer wieder die Köpfe nach oben oder warfen sie in den Nacken. Dann kratzten sie sich selbst, was auf uns wirkte, als ob sie verlegen seien. Solche Handlungsabläufe kommen ja bei Mensch und Tier öfter vor, wenn Individuen unentschlossen hin und her schwanken zwischen mehreren Absichten, etwas zu tun. Man sprach früher von Übersprungshandlungen, nennt sie heute aber meist Alternativhandlungen.

Die Störchin stand bei jeder Kopula, die wir beobachteten. Nur wenige Vögel, wie z. B. der Strauß, haben einen Penis. Auch ein entsprechendes Organ wie eine Scheide bei Säugetieren existiert bei ihnen nicht. Vögel haben eine sogenannte Kloake. Das ist die gemeinsame Körperöffnung für alle flüssigen und festen Ausscheidungen, zugleich aber auch die einzige Öffnung für die Geschlechtsorgane zur Befruchtung wie zur Eiablage. Deshalb müssen bei der Begattung beide Kloaken zielsicher und fest aufeinandergedrückt werden, damit das Sperma in den weiblichen Vogelkörper gelangt.

Bei unseren Störchen sahen wir deutlich, wie die Störchin ihre Schwanzfedern zur Seite nahm. Mit seitlichen Wackelbewegungen schoben beide Partner in der Umgebung der Kloaken störende Federn aus dem Weg. Das Ganze dauerte wenige Sekunden. Nachdem der Storch vom Rücken der Störchin »abgestiegen« war und wieder auf dem Nestrand herumstolzierte, stocherten beide Partner nebeneinander im Nestrand umher. Und das war's dann auch schon.

Das Verfahren erschien uns zweckmäßig und vernünftiger als die Geschichte vom Storch, der aus irgendeinem Teich fertige Babys holt und dann zu uns bringt. Verläßlich war es allemal: Anderthalb Monate später konnten wir sehen, wie zwei Jungstörche von den Eltern im Nest gefüttert wurden.

So einfach geht's nicht immer

Die Story vom Storch, der unter gleichzeitigem Biß ins Bein der Mutter die Babys bringt, läßt sich heute bei unseren aufgeklärten Kindern nicht mehr aufrechterhalten. Die Fortpflanzung geht ganz anders, das wissen sie bereits als Kleine, bevor sie lesen und schreiben können.

Aber allzuviel darüber, wie es denn nun bei der Fortpflanzung und insbesondere bei der Paarung im Tierreich abläuft, wissen nur die wenigsten in unserem sexuell sonst so aufgeklärten Zeitalter. In der Vorstellung der meisten Menschen nehmen die pädagogisch offenbar unverzichtbaren Geschichten von den Eiern des Seeigels als Modell immer noch einen breiten Raum ein: Da kommt ein Samenfädchen angeschwommen, vereinigt sich mit der dicken Eizelle, und schon ist neues Leben entstanden. Woher kommt die Eizelle? Woher das Samenfädchen? Wie treffen sich beide? Und wo? So einfach wie bei den Störchen auf dem Dach der Kirche in Deezbüll ist es eben nicht immer. Dabei gehen Vögel schon anders vor als die vom Menschen meist zum Maßstab erhobenen Säugetiere, über deren Fortpflanzung viele meist ganz gut Bescheid wissen. Zumindest kennt jeder von uns die eigenen Fortpflanzungsorgane und ihren bestimmungsgemäßen Gebrauch.

Daraus läßt sich aber nicht generell auf die Methoden der Fortpflanzung bei anderen Tieren schließen. Selbst die Säugetiere, zu denen wir Menschen gehören, zeigen Unterschiede im Bau ihrer Geschlechtsorgane, die manch einer bei ihnen gar nicht vermutet. Die meisten Beuteltiere zum Beispiel haben zwei Scheiden statt einer. Das Opossum – ein in amerikanischen Baum- und Buschgebieten lebendes Beuteltier – hat folgerichtig einen gegabelten Penis entwickelt. Andere männliche Beuteltiere mit einem nicht gegabelten Penis haben die Wahl, die eine oder die andere Scheide zu benutzen. Ein erigiertes, unerwartet großes Geschlechtsorgan bei einer Tüpfelhyäne hält man auf den ersten und auch zweiten Blick für einen kräftigen Penis. Dabei kann es ebensogut die Klitoris einer weiblichen Hyäne sein, die zur Kopula überhaupt nicht benötigt wird. Das männliche Gegenstück, der Penis, sieht genau so aus, ist genau so groß und wird natürlich in erwartungsgemäßer Manier bei der Begattung eingesetzt. Selbst Fachleute können bei Hyänen die Geschlechter oft nicht auseinanderhalten. Hauptsache aber, die Hyänen selbst können das. Benutzte Zitzen allerdings mit abgeschabten Haaren drumherum zeigen auch uns Menschen das weibliche Geschlecht einer Tüpfelhyäne an.

Viel komplizierter wird es, wenn wir die Klasse der Säugetiere verlassen. Das Fortpflanzungsorgan beispielsweise, mit dem ein Guppymännchen sein viel größeres, behäbiges Weibchen begattet, ist keineswegs ein Penis, sondern ein sogenanntes Gonopodium. Dies Organ erfüllt zwar ähnliche Aufgaben, ist jedoch entwicklungsgeschichtlich aus ganz anderem Grundmaterial entstanden. Es stellt eine Begattungsröhre dar, die aus den umgestalteten Strahlen der mittelständigen, nicht doppelt angelegten Afterflosse besteht und nach allen Seiten beweglich ist (vgl. S. 76 und 92). Guppyweibchen haben (daher ihre auffällige Größe) den ganzen Bauch voller Embryonen, die bei Erreichen der Reife schnell hintereinander lebend geboren werden. Deshalb müssen die lebendgebärenden Zahnkarpfen, zu denen neben den Guppys viele andere beliebte Aquarienfische zählen, auch eine Befruchtung im Leibesinnern der Weibchen vornehmen. Im übrigen geben sich diese Fische nicht damit zufrieden, ihr Sperma einfach in die weibliche Geschlechtsöffnung zu ejakulieren. Nein, dorthinein praktizieren sie gleich ein ganzes, in sich geschlossenes Samenpaket – eine sogenannte Spermatophore. Der Inhalt eines solchen Paketes reicht für die Befruchtung mehrerer Generationen. Manch ein noch nicht sehr erfahrener Guppyzüchter setzt ein Weibchen mit einem besonders auffälligen Männchen ins Einzelaquarium, um den Erbeigenschaften dieses ausgewählt schönen Männchens im nächsten Wurf Gelegenheit zur Verbreitung zu geben. Er wundert sich aber, wenn in den nächsten und übernächsten Generationen dieselben Typen von recht durchschnittlich aussehenden Männchen zur Welt kommen wie beim ersten Nachwuchs dieses Weibchens. Trotz häufiger Begattungen durch das »schöne« Männchen werden die Eier des Weibchens nämlich immer noch aus der ersten Spermatophore eines – vielleicht anonym gebliebenen – unscheinbaren Guppymännchens befruchtet.

Das Klischee von der Begattung nach dem Vorbild der Säugetiere gerät noch mehr ins Wanken, wenn man erfährt, daß die Befruchtung – wie bei manchen Buntbarschen – auch im Maul erfolgen kann. Bei manchen Spinnenarten praktizieren die Männchen ihr Sperma mit einem Penis oder zumindest mit ähnlich funktionierenden Mundwerkzeugen in die weibliche Geschlechtsöffnung. Weibchen anderer Tierarten kleben ihre Eier irgendwo an Gegenstände oder Pflanzen, das tun z. B. ebenfalls Buntbarsche, dort wird das Gelege dann besamt. Wieder andere geben Eier unbefruchtet ins Wasser ab, die dort vom Männchen befruchtet werden, wie etwa bei Karpfen oder Austern. Da wird klar, daß die Storchenkopula auf dem Kirchendach oder die Schilderungen über sexuelle Vorgänge beim Menschen nur einen sehr kleinen Teil der vielfältigen Fortpflanzungsstrategien unter Tieren umfassen. Bei unserem Streifzug durch das Sexualleben im Tierreich erheben wir keinen Anspruch auf auch nur annähernde Vollständigkeit unserer Schilderungen und bemühen uns bewußt um eine nicht allzu wissenschaftliche Sprache. Trotzdem halten wir uns streng an die derzeitigen biologisch-wissenschaftlichen Erkenntnisse und hüten uns vor vermenschlichenden Deutungen oder Spekulationen.

Dank an unsere Ahnen

»Die Sache mit dem Storch« handelt von der Sexualität im Tierreich mit ihren vielen, oft unerwartet interessanten und häufig komplizierten Einzelheiten. Die Leser, die Autoren dieses Buches, unsere Nachbarn, das Rind auf der Weide und die Amsel im Garten sind Produkte erfolgreichen Sexualverhaltens ihrer jeweiligen Vorfahren. Wir wollen deshalb eine

Gedenkminute für die Ahnen an den Anfang unserer Überlegungen stellen. Sie waren überaus erfolgreiche Vorfahren. Dabei denken wir nicht an die paar Generationen, die in unseren Ahnenpässen verzeichnet sind. Auch nicht an die, von denen Wissenschaftler oder Geschichtsbücher berichten, die sich mit der Entwicklung der Menschen aus tierlichen Ahnen beschäftigen. Wir meinen unseren gesamten Stammbaum und gedenken aller, die ihr Erbgut in die nächste Generation weitergegeben haben.
Unsere Vorfahren haben über Jahrmillionen wirklich ihre Tüchtigkeit bewiesen. Alle, tatsächlich alle, waren ausnahmslos so fit, daß sie ihr Erbgut bis in unsere Generation weitergeben konnten. Sie reichten es zumindest an einen Nachkommen weiter, der seinerseits genauso fit war, die Ahnenreihe fortzusetzen.
In ihrer Gesamtheit haben die Vorfahren heutiger Lebewesen dramatische Veränderungen unserer Welt mit Vulkanausbrüchen, Eiszeiten und anderen Naturkatastrophen überstanden. Radikale Umwälzungen der Lebensbedingungen, Auseinanderbrechen ursprünglich zusammenhängender Kontinente, Auffaltungen von Gebirgen, Entstehen oder Verschwinden von Ozeanen, drastische Veränderungen aller äußeren Lebensbedingungen waren gewaltige Herausforderungen an die Anpassungsfähigkeiten des Lebens.
Unsere Vorfahren haben das alles bewältigt. Sie überwanden Hunger- und Durstzeiten, brüllend heiße und eisigkalte Klimaperioden. Jeder einzelne unserer Ahnen ist – zumindest bis er sich fortpflanzen konnte – seinen Feinden entkommen. Jeder ist mit vielfältigen Krankheiten fertig geworden. Jeder war geschickt genug, Unfälle zu vermeiden, oder robust genug, sie zu überstehen. Jeder hat sich in der Konkurrenz mit Artgenossen durchgesetzt. Jeder ist sexuell wenigstens so attraktiv gewesen, daß er einen Partner fand, mit dem er sich fortpflanzen konnte. Jeder hat auf seine Weise sichergestellt,

daß sein Nachwuchs so selbständig wurde, daß er sich weiter vermehren konnte.
Stand oder steht eine Triebkraft dahinter? Besteht in der Weitergabe des eigenen Erbgutes womöglich der oft diskutierte »Sinn des Lebens«? Wir können diese philosophische Frage im Rahmen dieses Buches nicht diskutieren. Aber wir möchten mit diesen skizzierten Gedanken dazu anregen, über dieses Thema nachzudenken. Wir finden es faszinierend, in unsere vielgestaltige genetische Vergangenheit zurückzublicken, in der langsam, aber stetig immer neue Arten entstanden, aus denen wieder und wieder neue hervorgingen. Gegenwärtig stehen am Ende dieser vielfältigen Schienen der Entwicklung des Lebens winzige Amöben, riesige Bäume, flinke Küchenschaben oder vielseitige Menschen. Alle diese Lebewesen sind Zwischenstationen auf einem weiterführenden Weg in eine Zukunft, in der andere Lebewesen die Erde bevölkern werden, für die heute lebende Arten dann wiederum erfolgreiche Vorfahren sein werden.
Vom Streben nach der »Erhaltung der Art« ist bei dieser Betrachtungsweise nichts zu erkennen. Offenbar ging es keinem einzelnen Vorfahren um den Fortbestand seiner Art. Alle verfolgten nur – selbstverständlich völlig unbewußt – in krassem Egoismus das Ziel, sich *selbst* zu vermehren, *eigenes* Erbgut in die Nachkommensreihe einzubringen. Dieses Streben ist eine machtvolle Eigenart des Erbgutes, das seinen Träger nur als vorübergehendes, eine Generation lang brauchbares Vehikel benutzt. Deshalb ist es auch berechtigt, von den »eigennützigen Genen« zu sprechen.
Aus diesem Blickwinkel betrachtet kann »Die Sache mit dem Storch« zur Aufklärung einiger Mißverständnisse beitragen, die auch heute noch nicht ausgeräumt sind. Sie rühren daher, daß Charles Darwins »Survival of the fittest« stets als »Überleben des Stärkeren« übersetzt wurde, was sich offenbar nur schwer ausräumen läßt.

Genau diese Fitneß der Vorfahren, von der hier die Rede ist, hat Charles Darwin aber gemeint: die Anpassungsfähigkeit an eine sich stetig wandelnde Welt mit immer neuen Herausforderungen. Ausdruck des Darwinschen »Survival« ist nicht der »Sieg« eines einzelnen starken über seine »schwächeren Artgenossen«. Darwins »Survival« ist die bis heute erhalten gebliebene, ununterbrochene Generationsfolge der Fitten. Jeder einzelne unserer Vorfahren hat seinen persönlichen Tod kompensiert durch die Weitergabe seines »erfolgreichen« Erbmaterials.

1. Anpassung an eine veränderte Umwelt

Die vielfältigen Aspekte der geschlechtlichen Fortpflanzung

Die ursprüngliche Art und Weise der Fortpflanzung ist die Teilung eines ungeschlechtlichen Lebewesens in zwei Exemplare, die sich ihrerseits wieder teilen. So wie sich Teile mancher Pflanzen, die man abtrennt und als Stecklinge wieder einpflanzt, zu vollständigen neuen Individuen auswachsen können, vermehren sich auch Amöben und unzählige andere einzellige Lebewesen durch Teilung. Zur geschlechtlichen Fortpflanzung, von der dieses Buch handelt, gehören dagegen wirklich zwei, und die beiden müssen auch verschiedenen Geschlechts sein – mit dem kleinen wichtigen Unterschied zwischen ihm und ihr.

Bei der Vermehrung durch Teilung oder Knospung in ihrer reinen Form haben die neuen Individuen der Tochtergeneration exakt dasselbe Erbgut wie die, von denen sie sich abgespaltet haben. Solange sie dieselben unveränderten Lebensbedingungen wie ihre geschlechtslosen Vorfahren vorfinden, läuft alles gut. Wenn sich aber die Umwelt ändert, besitzt – von sehr seltenen Spezialfällen abgesehen – kein einziger Nachkomme eine auch nur etwas andere Erbausstattung, mit der er in einer veränderten Umwelt bessere Überlebenschancen hätte als die vorige Generation.

Um diesen Nachteil auszugleichen, haben sich auch bei Arten, die sich durch Teilung vermehren, Mechanismen entwickelt, die solche Anpassung ermöglichen. Pantoffeltierchen können beispielsweise innerhalb ihres eigenen, einzelligen Körpers ihre Gene unter bestimmten Umständen neu kombinieren. Auch ohne sich geschlechtlich zu vermehren, können beispielsweise Einzeller und Bakterien Erbmaterial austauschen. Allerdings ist das noch lange keine Sexualität. Bei den vielen Versuchen in der Entwicklungsgeschichte des Lebens, sich an immer neue und sich ständig verändernde Lebensbedingungen anzupassen, hat sich die zweigeschlechtliche Fortpflanzung besser bewährt als alle anderen Vermehrungsstrategien. Die Methode, daß jedes neue Lebewesen individuell gezeugt werden muß, hat sich in weiten Kreisen der Tier- und Pflanzenwelt durchgesetzt, ohne allerdings die Teilungsmethode ganz zu verdrängen. Die Anpassung an eine veränderte Umwelt ist durch geschlechtliche Fortpflanzung viel schneller zu erreichen als durch Knospung, ungeschlechtliche Teilung oder andere ungeschlechtliche Fortpflanzungsmethoden. Die große Artenvielfalt, die wir Menschen an der Natur so bewundern, konnte nur durch geschlechtliche Fortpflanzung entstehen, weil jedes so gezeugte Lebewesen individuell anders ausgerüstet ist, weil es gegenüber seinen Eltern, Verwandten und sonstigen Artgenossen andere Eigenschaften und Fähigkeiten hat.

Dabei ist es wichtig zu wissen, daß alle Nachkommen eine Hälfte ihrer Erbausstattung von der Mutter, die andere vom Vater bekommen. In jeder Körperzelle sind für jedes Merkmal immer zwei »zuständige« Chromosomen vorhanden. Geschlechtszellen, aus deren Vereinigung das neue Lebewesen entsteht, tragen nur je einen Satz zur Entstehung eines neuen Lebewesens bei. Diese nennt man Keimzellen. Ihre Produktion findet in Eierstöcken und Hoden statt.

Eierstöcke und Hoden muß man sich nicht grundsätzlich paarweise und nicht im Bauchraum oder wie beim Menschen in einem Skrotum (Hodensack) gelegen vorstellen. Die Geschlechtsorgane zeigen bei den Tieren der verschiedensten Klassen eine außerordentliche Vielfalt, über die wir an anderen Stellen noch berichten werden. Die Annahme, bei allen Tierarten wäre für die geschlechtliche Vermehrung ein Penis oder eine Scheide wie bei den Säugetieren vonnöten, ist irrig. So sucht man auch schon bei im zoologischen System so hochstehenden Säugetieren wie Elefanten vergeblich nach einem Skrotum – ihre Hoden liegen im Bauchraum, nahe der Wirbelsäule. Dort befinden sich die Keimdrüsen (Eierstöcke und Hoden) auch bei Vögeln, Kriechtieren und Lurchen. Und leidenschaftliche Fischesser wissen, daß die »Milch« produzierenden Hoden ebenso im Körperinneren liegen wie die »Rogen« herstellenden Eierstöcke.

Keimzellen – Zellen mit halber Chromosomenzahl

In den Keimdrüsen teilen sich Zellen auf andere Weise und zur Erfüllung anderer Funktionen als im gesamten übrigen Körper. Die Zellen aller Organe sind mit einem doppelten Satz von Chromosomen ausgestattet. Wenn sie für das gleiche Merkmal verantwortlich sind, nennt man sie Allele, wobei die eine Hälfte von der Mutter, die andere vom Vater stammt. Bei der Teilung von Körperzellen müssen alle Tochterzellen dieselben Informationen bekommen und – wenn sie sich selbst teilen – auch weitergeben. Aus einer Leberzelle z. B. muß immer wieder eine Leberzelle werden, aus einer Muskelzelle immer wieder eine Muskelzelle. Keimzellen mit jeweils nur einem einfachen Satz von Chromosomen dagegen (im weiblichen Geschlecht Eizellen und im männlichen Spermien genannt) verschmelzen im Zuge der Befruchtung und komplettieren einander, weil das neue Lebewesen einen doppelten Chromosomensatz braucht. Bei Entstehung der Keimzellen muß während der Teilung dieser doppelte Satz wieder

auf zwei Zellen – eben die Keimzellen – aufgeteilt werden. Das Verteilungsmuster, nach dem die Gene bei der Umwandlung einer Zelle mit doppeltem Satz von Genen zu zwei Keimzellen mit jeweils nur einem Satz vergeben werden, unterliegt dem Zufall.
Bei jeder Befruchtung werden daher die Karten neu gemischt. Jedes, wirklich jedes durch geschlechtliche Fortpflanzung entstehende neue Lebewesen unterscheidet sich von allen selbst noch so nahe verwandten anderen. Jedes hat eine andere Zusammensetzung seiner Gene und damit andere Eigenschaften, die es in unvorhersehbarer, bislang nie dagewesener Kombination von seinen Vorfahren »geerbt« hat.

Woher hat das Kind die blauen Augen?

»Woher hat sie nur die blauen Augen?« so fragt – jeder kennt solche Bemerkungen aus eigener Erfahrung – irgendein braunäugiges Mitglied der Familie. »Von uns bestimmt nicht! Gibt's bei uns gar nicht!« Eltern, Großeltern, Geschwister, Tanten, Onkel – alle sind tatsächlich braunäugig. Aber wie viele seiner Vorfahren kennt denn schon der einzelne? Alle vier Großeltern? Oder die acht Urgroßeltern? Noch eine Generation früher sind die Vorfahren weitgehend unbekannt. Man kennt vielleicht gerade noch die Namen. Mehr aber nicht.
Aus der Vererbungslehre weiß man, daß Merkmale wohl gelegentlich eine paar Generationen überspringen. Das ist aber für die meisten eher eine mysteriöse Tatsache als eine verstehbare Gesetzmäßigkeit der Biologie. Dabei ist so ein Erbgang leicht faßbar – wenn man sich die Mühe macht, ihn verstehen zu wollen.

Nicht jedes Gen setzt sich bei der Ausbildung von Merkmalen durch. Aus diesem Grund vereinigen sich in einem neuen Lebewesen auch bei weitem nicht alle Eigenschaften seiner Vorfahren. Für die Ausprägung mancher Eigenschaften müssen nämlich beide dafür »zuständigen« Gene, also das mütterliche **und** das väterliche, vorhanden sein. Für die Ausprägung anderer Merkmale genügt es, wenn nur eins von den beiden für eine Eigenschaft verantwortlichen Genen vorhanden ist. In diesem Fall spricht man von einem dominanten Erbgang, das andere Gen – das sogenannte Allel – bleibt wirkungslos. Müssen zwei gleiche Gene (Allele) zum Auftreten einer Eigenschaft gemeinsam vorhanden sein, dann nennt man das einen rezessiven Erbgang.

Die Augenfarbe der Menschen z. B. ist genetisch festgelegt. Blaue Augen bekommt ein Mensch deshalb nur, wenn das »zuständige« Erbgut für blaue Augen von Vater und Mutter zusammentreffen. Kommen in einem neuen Menschenkind je einmal die Erbsubstanz für blaue und für braune Augen zusammen, werden die Augen braun. Das von einem Elternteil stammende Erbgut für blaue Augen kommt dann nicht zum Zuge. Wenn bestimmte Merkmale Generationen überspringen, sind sie stets auf rezessiven Genen angelegt. Die blauen Augen einer Ururgroßmutter tauchen beim Urenkel erst auf, wenn Erbgut für blaue Augen aus einer anderen Vorfahrenlinie auf das bisher durch jenes für braune Augen verdeckte Erbgut für blaue Augenfarbe trifft. Die Kurzform in der Sprache der Biologen ist: »Braun ist dominant über blau.« Gene, die bei den Eltern für die Ausbildung von rezessiven Merkmalen nicht zum Zuge kamen, können deshalb bei ihren Kindern unter Umständen die Ausprägung von Merkmalen bewirken, die bei den Eltern nicht vorhanden waren. Die vollständige Neukombination der Gene einer langen Vorfahrenreihe verursacht innerhalb jeder Art eine gewaltige Variabilität von Merkmalen und Fähigkeiten. In jeder Generation kommen so zumindest einige Individuen vor, die auf Grund ihrer besonders geeigneten genetischen Kombination Situationen bewältigen können, denen die Eltern oder die meisten Mitglieder der Art nicht gewachsen waren oder sind.

Wie generationenlang mitgeschlepptes Erbgut nützlich werden kann

Am Ende des vorigen Jahrhunderts wütete in weiten Teilen Afrikas die Rinderpest besonders heftig. Sie befiel viele Wildtierarten, beispielsweise auch große Kudus, das sind majestätisch aussehende Drehhornantiolopen. Nur sehr wenige Tiere entgingen dem Massensterben, denn diese verfügten über eine angeborene Widerstandskraft gegen die Seuche. Die Fähigkeit, diese Krankheit zu überleben, hatten sie von Vorfahren geerbt, die vor Generationen eine frühere Rinderpestepidemie überlebten. Zwischen solchen großen Seuchenzügen waren aber auch Große Kudus herangewachsen, bei denen die Widerstandsfähigkeit gegen die Rinderpest im Erbgut verloren gegangen war. Das spielte für sie keine Rolle, weil über lange Zeiträume keine Rinderpest grassierte. Dem Seuchenzug der letzten Jahrhundertwende entgingen dann tatsächlich nur diejenigen Tiere, die eine über Generationen hin völlig »nutzlose« Widerstandskraft gegen Rinderpest in ihrem Erbmaterial »mitschleppten«. Diese Tiere bildeten den Kader, aus dem die Bestände sich mittlerweile wieder erholt haben. Dabei ist allerdings durchaus möglich, daß inzwischen durch Neukombination des Erbgutes etliche Tiere diese Widerstandskraft schon wieder »verloren« haben.
Viele Eigenschaften einer Art werden von Generation zu Generation weitergegeben, ohne zur Bewältigung der aktuellen Lebenssituation je benötigt zu werden. Wenn diese Eigen-

schaften nicht Nachteile für die Träger solcher Erbmerkmale mit sich bringen, bleiben sie oft über sehr viele Generationen stumm im sogenannten Genpool der Art erhalten. Tritt in einer Nachfolgegeneration eine Situation ein, in der solche Eigenschaften nützlich sind oder gar Überlebenswert besitzen, hat sich ihr generationenlanges Mitschleppen »gelohnt«. Eine Zebrafamilie durchwatet einen seichten Fluß, um wie jedes Jahr für einige Wochen in ein seit Generationen bekannt gutes Weidegebiet zu ziehen, dessen Lage von Generation zu Generation in der Familie weitergegeben wurde. Nachdem das Gras dort knapp geworden ist, marschiert die Familie zurück. Die Leitstute kennt den Weg. Sie hat ihn schon mit ihrer Geburtsfamilie benutzt. Durch einen Jahrhundertregen ist der Fluß plötzlich zu einem reißenden Strom geworden, den die Zebras nur schwimmend überqueren können. Die Vorfahren hatten über unzählige Generationen hinweg nie schwimmen müssen. Wäre ihnen diese Fähigkeit im Erbgut abhanden gekommen, hätte das ihr Überleben nicht bedroht. Aber in der aktuellen Situation schwimmen zu können hat Überlebenswert. Schwimmen zu können nützt einer Art so lange gar nichts, wie in ihrem Streifgebiet keine Gewässer vorkommen. Aber es ist kein Nachteil, im Erbgut die Fähigkeit zu besitzen, schwimmen zu können. Bei Überschwemmungen kann es nützlich sein, beispielsweise einen Fluß schwimmend zu überqueren.
Mit geringer Flüssigkeit auskommen zu können hat für eine Art keinen (Selektions-)Vorteil, solange in ihrem Lebensraum eine ständige Tränke vorhanden ist. Nach unvorhersehbaren Trockenzeiten kann es für eine Population von Überlebenswert sein, wenn zumindest einige ihrer Mitglieder diese Fähigkeit besitzen.
In einer schweren Dürre jedoch, wie sie seit Hunderten von Jahren nicht vorgekommen sein mag, gereicht es einer Population von Spießböcken (Oryxantilopen) zum Vorteil und

verhindert eine Vernichtung der Bestände durch Verdursten, wenn die Tiere die angeborene Fähigkeit haben, wochenlang ohne Tränke auszukommen.
Natürlich sind diese Beispiele sehr stark vereinfacht; sie gehen weder im einzelnen auf die Komplexität der geschilderten Anpassungsfähigkeiten ein noch auf die Selektionsmechanismen, die hier wirksam werden. Es soll nur verständlich erklärt werden, wie wichtig die Ausbildung und Erhaltung erblich fixierter Fähigkeiten sein kann, von denen man unter normalen Umständen gar nichts bemerkt.

2. Zwischen Monogamie und sexueller Freizügigkeit

Die Paarungsstrukturen

Die biologische Funktion der Sexualität ist es, daß verschiedengeschlechtliche Artgenossen möglichst viel Nachwuchs zeugen, der an das Leben so gut angepaßt sein sollte, um seinerseits wieder für die Ausbreitung des auf ihn überkommenen Erbgutes zu sorgen. Um das zu erreichen, sind oft komplexe Ketten von Verhaltensweisen nötig. Das Wichtigste jedoch ist ein andersgeschlechtlicher Artgenosse, der zur Fortpflanzung geeignet ist.

Das Klischee von der heilen Familienwelt

Die allgemeine Meinung über soziale Strukturen und Organisationen bei Tieren bedarf bei den meisten Menschen der Revision. Das gilt in besonderem Maße für die Paarungsstrukturen. Schon das biblische Beispiel von Noahs Arche, in der die Tiere paarweise aufgenommen wurden, ist zu direkt interpretiert worden.
Das hat dazu beigetragen, ähnliche Klischee-Vorstellungen zu erzeugen, wie viele Beispiele aus Kinder-Tierbüchern und Tiersendungen im Fernsehen zeigen. In den einst oft von den Großeltern vorgelesenen und jetzt im Fernsehen gesendeten Geschichten leben Tiere meist in Familien, die aus Vater,

Mutter und Kindern bestehen. Die Großfamilie ist dabei gekennzeichnet durch eine Struktur, die vermittelt, daß alle Generationen beiderlei Geschlechts friedlich in heiler Tierwelt miteinander zusammenleben.
Selbst in frühen Forschungsberichten ist dies Klischee noch erkennbar, mit dem (selbstverständlich männlichen) Leittier und den ihm unterstellten Familienmitgliedern, die alle miteinander lebten. Vielfach ist dabei nicht berücksichtigt worden, daß es allein aus Gründen der Inzuchtvermeidung gar nicht möglich ist, daß Onkel, Tanten, Nichten, Neffen, Geschwister, Eltern in einer Heilen-Welt-Harmonie zusammenleben.
Auf welche Weise die einzelnen Arten Sexualpartner suchen, finden und um sie werben, ob und wie sie eine bestimmte Partnerwahl treffen und für wie lange Zeit und wie eng sie Partnerbindungen eingehen, hängt von den jeweiligen, für jede Tierart typischen Paarungsstrukturen ab.

Das Leben zu zweit

Unter *Einehe (Monogamie)* versteht man die exklusive Bindung eines Männchens an ein Weibchen. Diese Bindung kann lebenslänglich, für mehrere Fortpflanzungsperioden oder nur für eine einzige Begattung bestehen. Paradebeispiele für lebenslängliche Einehen bieten viele Säugetierarten. Allerdings wird auch bei ihnen ein verstorbener Partner durch einen neuen, nachrückenden ersetzt. Ebenso kommt es vor, daß verpaarte Gänse schon einmal sexuelles Interesse an anderen Gänsen zeigen, im allgemeinen jedoch sind die Bindungen eng und dauerhaft.
Eine Begattungspartnerschaft kann aber auch saisonal für

eine Fortpflanzungsperiode bestehen wie z. B. bei vielen Sing- und anderen Vogelarten. Bei mehreren aufeinanderfolgenden Bruten besteht sie, u. a. bei vielen Singvogelarten, als Jahresehe. Von manchen Zugvögeln, bei denen es nur eine Brutperiode gibt, weiß man nicht sicher, ob diese nicht auch nur eine Jahresehe eingehen, weil sich die aus dem Winterquartier kommenden Partner im nächsten Jahr nicht wiederfinden. Das ist besonders nach dem ersten Zug der Fall. Störche können aber beispielsweise trotz ihres Zuges im Frühling und Herbst oft mehrere Jahre hintereinander in der gleichen Partnerschaft verpaart bleiben. Dann spricht man von einer lebenslänglichen Dauerehe, wie sie bei Kranichen sowie auch bei einigen Kleinantilopen, Schakalen und Löffelhunden vorkommt. Fast immer ist im Tierreich die Monogamie bei solchen Arten zu finden, die nicht in größeren Sozialverbänden leben. Nur drei Prozent der Säugetiere dagegen leben in Einehe so wie Gibbons und einige andere Affenarten.
Als Beispiel für eine einzige Begattung in ihrem Leben stehen die Bienen. Die Drohnen, die männlichen Bienen, sterben bei manchen Arten unmittelbar nach der einzigen Kopulation. Sie bringen ihren gesamten Fortpflanzungsapparat in das Weibchen ein, das damit zur Königin wird, und zerplatzen dabei unter einem – sogar für unsere menschlichen Ohren eben hörbaren – sanften Knall. Auch das Sexualleben der Königin ist damit beendet. Mit einem eiweißreichen Schleim der begattenden Drohne wird ihre Geschlechtsöffnung verschlossen. Hummeln verbinden ihr Sexualverhalten nicht mit solch einer Form des Selbstmordes durch die Kopula. Sie können mehrfach kopulieren. Allerdings vollzieht sich ihr gesamtes Leben nach ganz anderen Prinzipien. So benötigen weibliche Hummeln nicht einen solchen »Hofstaat« von Arbeiterinnen wie manche Bienenarten.

Monogame Weibchen haben gegenüber polygynen (vgl. S. 30) Geschlechtsgenossinnen einen größeren Fortpflanzungserfolg. Männchen von monogam lebenden Arten haben dagegen mit nur einem Weibchen einen geringeren Fortpflanzungserfolg als polygame Arten, denen mehr Weibchen zur Verfügung stehen. Aber monogame Männchen sparen durch diese Strategie sehr viel Energie.
Bei vielen monogamen Arten haben sich die Männchen im Laufe der Entwicklungsgeschichte diese Fortpflanzungsstruktur nicht »ausgesucht«. Monogamie entwickelte sich nicht unter dem Druck, die Nachkommenzahl der Männchen zu maximieren. Vielmehr geht – z. B. bei manchen Krallenäffchen – der Druck zur Entwicklung der Einehe von den Weibchen aus, die untereinander um die Beiträge der Väter bei der Jungenaufzucht konkurrieren. Weibchen kämpfen dabei genauso um den »Besitz« eines eigenen Männchens, wie bei polygynen Arten Männchen untereinander um den Besitz möglichst vieler Weibchen kämpfen. Die Methode, Partner zu halten und an sich zu binden, ist aber vom Geschlecht abhängig: Weibchen vieler monogamer Arten versuchen nicht, die Männchen nach Art von Haremsbesitzern zu halten, die ihre abwandernden Weibchen oft mit Gewalt zurückholen. Vielmehr vertreiben sie durch Kampf andere Weibchen, die sich dem Männchen anbieten. Das ist z. B. bei Maulwürfen und Erdhörnchen beobachtet worden. So bleibt den Männchen monogamer Arten und den Weibchen polygyner Arten gar nichts anderes übrig, als sich in die vom jeweils anderen Geschlecht aufrechterhaltene Fortpflanzungsstruktur zu fügen.

Das Leben im Harem

Weit verbreitet ist die *Vielehe (Polygamie);* man findet sie vor allem bei den sozial lebenden Arten, aber auch bei einzelnlebenden, deren Streifgebiete einander überlappen.
Wenn sich männliche Tiere im gleichen Zeitraum mit mehreren Weibchen paaren, spricht man von *Polygynie.* Sie ist im Tierreich weit verbreitet. Zum besseren Verständnis der Sexualität dieser Arten ist es notwendig, zwischen einer Ein-Mann-Polygynie und einer Viel-Männer-Polygynie zu unterscheiden.
Die *Ein-Mann-Polygynie* liegt dann vor, wenn ein einziges männliches Tier mit mehreren weiblichen Tieren seiner Art sexuelle Bindungen unterhält. Weibchen-Gruppen werden auch als Harem bezeichnet. Impalas, das sind Schwarzfersenantilopen aus Afrikas Savannen, Fasane und viele Affenarten bilden Harems. Die Ein-Mann-Polygynie ist sehr häufig an Territorialität gekoppelt. Dabei errichtet ein Männchen ein Fortpflanzungsterritorium, in dem die äußeren Bedingungen so günstig sind, daß sich ein Harem darin lange aufhalten kann und so dem Haremsbesitzer zur Begattung zur Verfügung steht. Bei dieser Fortpflanzungsstruktur nehmen die männlichen Tiere, die meistens auch Väter des Nachwuchses sind, nicht an der Jungenbetreuung teil.
Klassische Beispiele für eine Ein-Mann-Polygynie sind Gorillas, Hirsche oder der Hahn mit seinen Hennen auf unserem bäuerlichen Hühnerhof.
Bei der *Viel-Männer-Polygynie* unterhalten mehrere männliche Tiere zur gleichen Gruppe weiblicher Tiere sexuelle Beziehungen. Das ist z. B. bei Löwen oder Pavianen der Fall. Bei Tierarten mit Viel-Männer-Polygynie nehmen die männlichen Tiere gelegentlich an der Jungenfürsorge teil, indem sie zu deren Schutz oder – bei Raubtieren – zur Futterbeschaf-

fung beitragen. Im Vergleich zu monogamen müssen polygyne Männchen für einen großen Fortpflanzungserfolg wesentlich mehr Energie einsetzen. Ihr Leben ist allein schon durch Rivalenkämpfe viel risikoreicher. Polygyne Weibchen haben zwar um so weniger Nachkommen, je größer der Harem ist, dem sie angehören. Dafür sind lebenswichtige Ressourcen wie Wasser und Futter im Territorium des erfolgreichen Besitzers eines großen Harems meist sehr reichlich vorhanden. Das kommt der Aufzucht, Gesundheit und damit Fitneß ihrer wenigen Jungen zugute und steigert damit die Gesamtfitneß der Weibchen, denn sie haben gute Chancen, ihre Nachkommen großzuziehen, die dann das Erbgut ihrer Mutter weitergeben können. Weibchen im Harem weniger erfolgreicher Territoriumsbesitzer polygyner Arten sind da schlechter dran. Sie haben weniger gute Ressourcen. Sie mögen vielleicht mehr Junge bekommen, aber ob diese dann auch alle zur Fortpflanzung gelangen, ist zweifelhaft. Ein Grund mehr für sie, das beste Territorium (= das stärkste Männchen) auszuwählen. Diese Verhältnisse treffen beispielsweise für die meisten territorialen, polgyn lebenden afrikanischen Antilopen zu wie etwa Wasserböcke, Moorantilopen oder Gnus.

Wenn den Weibchen ein einziger Mann nicht genügt

Neben der Polygynie gibt es im Tierreich weit seltener die *Polyandrie,* also eine sexuelle Bindung zwischen einem Weibchen mit mehreren, nur diesem Weibchen verbundenen Männern. Polyandrie ist oft mit einem Rollentausch der Geschlechter (vgl. S. 82 f., 105) verbunden. Man findet das

z. B. bei einer amerikanischen Jassana-Art – einer am Wasser und auf Wasserpflanzen lebenden Vogelart – oder bei Kampfwachteln. Bei diesen umbalzen die buntgefärbten Weibchen mit geblähtem Hals und aufgerichtetem Schwanz die unscheinbaren Männchen, mit denen sie sich dann verpaaren. Auf laute, werbende Gurrlaute antworten die auf dem Boden hockenden Männchen mit leisen Tönen. Bei den Jassanas kommt es zu einer Art Infantizid, wie er sonst nur von Säugetiermännchen betrieben wird. Man versteht darunter das »Babymord« genannte Töten der Jungen anderer Männchen, die bislang in der Gemeinschaft die Herrschaft ausübten. So töten Löwen den Nachwuchs der Männchen, die sie gerade eben aus dem Rudel hinausgeprügelt und vertrieben haben. Ein Jassanaweibchen verhält sich ähnlich. Es zerstört das Gelege mit den Eiern ihrer Vorgängerin und paart sich sofort mit deren Männchen. Durch einen solchen Babymord verhindern die Männchen, sich an Aufzucht und Schutz von Jungen beteiligen zu müssen, die gar nicht ihre eigenen Kinder sind.

Gruppenleben ohne Sexualneid

Eine weitere Paarungsstruktur ist die *Promiskuität.* Hierbei unterhalten die männlichen Tiere einer Gruppe mit allen weiblichen Tieren sexuelle Beziehungen, ohne daß bestimmte Partner bevorzugt werden. So leben beispielsweise Schimpansen in Promiskuität. Es gibt bei ihnen keinen Sexualneid. Jedes geschlechtsreife Männchen darf mit jedem paarungsbereiten Weibchen kopulieren. Es wird weder von anderen Männchen verjagt oder bekämpft, noch verweigert sich einem von ihnen das Weibchen. Die sozialen Strukturen innerhalb einer solchen Gruppe werden durch die sexuelle Freizügigkeit nicht gestört.

Paarungsstrukturen beeinflussen auch die Art der Bindung

In allen Paarungsstrukturen können die sexuellen Bindungen der Partner aneinander unterschiedlich lange dauern. Am übersichtlichsten ist das bei monogamen Arten. Bei Tierarten mit einer Ein-Mann-Polygynie können Bindungen des einzelnen männlichen Tieres an dieselben Weibchen seines Harems oft über lange Jahre bestehen, wie das beispielsweise bei Zebras der Fall ist. Aber auch bei Arten mit Viel-Männer-Polygynie – wie z. B. bei Pavianen – kommen bevorzugte individuelle Sexualpartnerschaften vor. Eine Einehe, die länger als eine Brutperiode dauert, verschafft den Partnern Erfahrungen in der Aufzucht und steigert daher ihren Bruterfolg. Bei der besonders durch ihr Brutvorkommen auf Helgoland bedeutenden Dreizehenmöwe dauert die einehige Verbindung nur eine Brutperiode lang, wenn deren Erfolg nur gering ist. Ziehen Dreizehenmöven im »ersten Ehejahr« ihren Nachwuchs aber sehr erfolgreich auf, bleibt es auch in den nächsten Jahren bei der Verbindung.

Es gibt Arten, bei denen einige Individuen monogam, andere polygyn leben. Dazu gehören z. B. der Sumpfzaunkönig und der dreistachelige Stichling. Offensichtlich entscheidet über die Anzahl der Weibchen, die sich ein Männchen »leisten« kann, die Qualität des Territoriums. Dessen Größe entscheidet beim Sumpfzaunkönig darüber, mit wie vielen Weibchen er sich verpaaren kann. Die Territorien der Männchen, die zwei Weibchen begatten, sind doppelt so groß wie die jener

Männchen, die sich mit einem Weibchen »begnügen« müssen. So ist es auch beim dreistacheligen Stichling, der um so mehr paarungsbereite Weibchen anlocken kann, je größer sein Territorium ist.
Eine zumindest periodische Monogamie existiert in Sozialverbänden, die aus mehreren Männchen und mehreren Weibchen bestehen. Beim Afrikanischen Wildhund haben nur die ranghöchste Hündin oder der ranghöchste Rüde die »Erlaubnis« des Rudels, sich fortzupflanzen. Die anderen werden aus sozialen Gründen von der Vermehrung ausgeschlossen. Dennoch beteiligen sich an der Jungenaufzucht alle Rudelmitglieder in überaus gemeinnütziger Weise.
Angesichts dieser Paarungsstrukturen ist es verständlich, daß sie das Auffinden, Umwerben, die individuelle Wahl und die Art der Bindung stark beeinflussen. Arten mit lebenslänglicher Monogamie brauchen nur einmal in ihrem Leben Energien in Partnersuche, Werbung und Partnerwahl zu investieren. Auch mit Rivalitätskämpfen, dem Vertreiben von eindringenden Männchen, oder mit dem Verfolgen des eigenen Weibchens, um es ins eigene Territorium zurückzubringen, haben sie keine Last.

Die Nutzen-Kosten-Rechnung beim Sex

Im allgemeinen investieren Männer viel weniger Kraft und Aufmerksamkeit in die Fürsorge für einzelne Nachkommen als Weibchen. Das liegt u. a. schon daran, daß die Eizellen größer sind. Ferner bringt die Brutpflege für die weiblichen Tiere fast immer mehr Arbeit mit sich und muß manchmal sogar von ihnen allein bewältigt werden. Mit ihrem Einsatz müssen sie die Faulheit der Männchen wettmachen.

Männliche Tiere aus Arten mit Ein-Mann-Polygynie haben allerdings oft für viele Aktivitäten erhebliche Mengen an Energie einzusetzen. Durch Kampf müssen sie ein Territorium erst einmal erobern und dann ständig gegen Nachbarn oder ganz neu eindringende gleichgeschlechtliche Artgenossen verteidigen, sie verjagen und später viel Energie einsetzen, um den eroberten Harem bei der Stange zu halten.
Bei der Viel-Männer-Polygynie kann ein männliches Tier des exklusiven Besitzes einer Sexualpartnerin nie sicher sein. Vielmehr muß er durch dauerndes Rivalisieren und energieaufwendige Werbung immer erneut den sexuellen Zugang zu dem Weibchen anstreben oder gegen Rivalen absichern. All diese Aktivitäten erfordern nicht nur Energien, sondern auch Zeit, die ihnen für die Nahrungsaufnahme fehlt.
Diese Überlegungen zum Energieverbrauch machen verständlich, daß sich manche Insektenmännchen im Rahmen eigener sexueller Aktivität vorangehende Mitbewerber um das gleiche Weibchen zunutze machen. So fressen z. B. Ratten jene eiweißreichen Pfröpfe, mit denen vorher kopulierende Männchen zur Monopolisierung ihres eigenen Spermas die Geschlechtsöffnung des begatteten Weibchens verschließen (vgl. S. 129). Sie verschaffen sich auf diese Weise nicht nur wertvolle Nahrung, sondern eröffnen im wahrsten Sinne des Wortes den Weg zur eigenen Fortpflanzung. Immerhin müssen sie nach erfolgreicher Kopula auch ihrerseits wieder unter Energieeinsatz einen Pfropf produzieren, der nun ihr eigenes Sperma absichert. Es kommt vor, daß abgezehrte Männchen nicht einmal mehr die Kraft haben, den Pfropf aufzufressen. Dann haben sie ihre Fortpflanzungschance verpaßt.
Die Promiskuität erfordert für den Zugang zu den Weibchen den geringsten Einsatz an Energie. Von den Weibchen wird kein Männchen bevorzugt. Kraftaufwendige Rivalenkämpfe sind daher nicht erforderlich. Allerdings verlangt die Sper-

makonkurrenz, mit der die Männchen promiskuer Arten ihren Fortpflanzungserfolg sichern, auch erhebliche Produktionskosten für die Herstellung großer Mengen von eiweißreichem Sperma. Bei der Spermakonkurrenz gibt es keine kämpferische Rivalität unter Männchen und wenig Möglichkeiten gezielter Wahl seitens der Weibchen. Beim Wettbewerb um den Fortpflanzungserfolg entscheiden die Häufigkeit der Kopulationen und die Masse an Sperma. Weibchen promiskuer Tierarten bevorzugen allerdings meist Männchen mit großen Hoden, in denen besonders viel Sperma produziert wird. Weil diese sehr häufig – z. B. bei Schimpansen – auch allgemein die Kräftigsten sind, imponieren sie den Weibchen am meisten und kommen häufiger zur Begattung. Und weil sie auch mehr Sperma zur Verfügung haben als ihre Mitbewerber, können sie daher noch begatten, wenn schwächere Männchen – im wahrsten Sinne des Wortes – ausgepumpt sind.

Bis in die letzte Konsequenz stimmt dieses Prinzip freilich nicht. Es gibt sicher andere, noch nicht im einzelnen bekannte Kriterien der Partnerwahl als ausschließlich physische Eigenschaften. Wären nur Kraft und Größe der Männchen entscheidend, hätte das Selektionswirkungen auf das Erbgut. Nach einer Reihe von Generationen würden sonst die Männchen immer größer, immer stärker. Sie könnten dann den Weibchen und Jungtieren gefährlich werden. Bei Seebären und See-Elefanten sind die ausgewachsenen Männchen um ein Vielfaches schwerer als die Weibchen und die Jungtiere. Bei ihren Paarungsaktivitäten an den Meeresküsten kommt es nicht selten vor, daß sie »aus Versehen« Weibchen und insbesondere Jungtiere erdrücken. Allzu große, massige Männchen sind bei diesen Arten daher schon allein auf Grund ihres Gewichtes rein passiv gefährlich. Deshalb gelten bei vielen Arten neben der Stärke der Männchen auch andere Eigenschaften als Wahlkriterien der Weibchen (s. S. 60, 75 ff.).

Die Vielfalt dieser Paarungsstrukturen zeigt, daß viele Wege zur Reproduktion beschritten werden können – aber alle kosten Energie, wenn auch auf sehr verschiedene Weise. Eins aber ist sicher: Für jede Art ist die von ihr praktizierte Struktur die vorteilhafteste, sonst wäre sie – wegen Mangel an Bewährung – während der Entwicklungsgeschichte auf der Strecke geblieben.

3. Es muß schon der »Richtige« sein . . .

Wie Tiere ihre Partner erkennen

Es würde den Rahmen sprengen, die vielen »Vorteile« einer geschlechtlichen Fortpflanzung hier aufzulisten. Allein ihre weite Verbreitung zeigt, daß es eine wertvolle »Erfindung« in der Entwicklungsgeschichte des Lebens war, einem neuen Individuum immer von zwei Elternteilen eine neue Ausstattung an Fähigkeiten für einen unvorhersehbaren Lebensweg mitzugeben.

Man sollte meinen, daß es – bei so vielen Vorteilen – mit der geschlechtlichen Vermehrung keine Probleme gäbe. Tatsächlich aber sind Fortpflanzungsstrategien und -techniken für sehr viele Tierarten keineswegs unproblematisch. Zunächst einmal müssen sich paarungsbereite Tiere als Artgenossen gegenseitig erkennen, um nicht an Individuen einer »falschen« Art zu geraten. Sie müssen auch sicher feststellen, daß es sich um andersgeschlechtliche Partner handelt. Artgenossen sind oft Konkurrenten, d. h., sie müssen sich beispielsweise Nahrung, Tränke, Raum, Schatten oder Deckung teilen. Das geht meist nicht ohne Drohung oder Kampf ab. Sodann ist es problematisch, die oft kurzen Perioden, zu denen befruchtungsfähige Eizellen verfügbar sind, zu erkennen und auch anzuzeigen, um dann die sexuellen Aktivitäten der Partner zeitlich damit in Einklang zu bringen. Bei geringer Bestandsdichte und möglicherweise auch noch solitärer – also einzelgängerischer – Lebensweise kann es schwierig sein, überhaupt einen Sexualpartner zu finden.

Die Signale der Artgenossen

Woher weiß ein Tier überhaupt, wie Artgenossen aussehen, welche Lautäußerungen sie von sich geben, wie sie riechen, wie sie sich anfühlen und wie sie sich benehmen? Eine Reihe von Tierarten erwirbt diese Kenntnis auf dem Wege der Prägung. Berühmte Beispiele dafür sind die Enten- und Gänseküken von Konrad Lorenz. Bei den durch Prägung lernfähigen Tierarten kann diese überhaupt nur in bestimmten Phasen des Lebens stattfinden. Diese Zeitabschnitte sind oft sehr kurz bemessen und liegen in ganz bestimmten Perioden des Lebensalters. Jenes Objekt, das man beispielsweise einem Entenküken in der Phase der Prägbarkeit als Vorbild eines Artgenossen anbietet, wird von ihm künftig auch als Artgenosse angesehen. In aller Regel sieht eine junge Ente als allererstes seine Mutter. An ihr erfährt das Küken alle typischen Eigenschaften einer Ente. Auch wenn dieses Küken nach Abschluß der Prägung jahrelang keine Ente mehr zu sehen bekommt, wird es beim nächsten Zusammentreffen mit einem Artgenossen diesen sofort als Ente wiedererkennen. Bietet man einer jungen Ente in seiner Prägbarkeitsphase einen Fußball als »Mutter« an, wird dieses Tier künftig immer Fußbälle für Artgenossen halten. Es läuft so einem Fußball hinterher, führt vielfältige »Gespräche« mit ihm und beginnt im geschlechtsreifen Alter bei Paarungsstimmung mit ihm die Balz.

Verwaiste, in Menschenhand gekommene Jungtiere – insbesondere Vögel oder Säugetiere, aber auch Reptilien – lernen während der Aufzucht, sofern die Phase der Prägung noch nicht abgeschlossen ist, den Menschen als Artgenossen kennen. Deshalb behandeln sie den Menschen künftig wie Artgenossen und versuchen auch eines Tages, mit ihm oder mit einem Körperteil von ihm zu kopulieren. Vögel balzen die

Hand ihres Pflegers an, ein Antilopenmännchen bespringt seinen menschlichen Wärter und versucht, ihn zu begatten. Eine männliche Schildkröte stürzt sich voller sexueller Energie auf den Schuh ihres menschlichen Pflegers.

In freier Natur kommen solche Fehlprägungen natürlich äußerst selten vor, denn normalerweise sind die ersten Lebewesen, mit denen ein Neugeborenes oder frisch geschlüpftes Tier Kontakt aufnimmt, Mutter, Vater, Geschwister, auf jeden Fall Artgenossen.

Ein Großteil des Wissens, wie Artgenossen »erkannt« werden können, ist angeboren. Anderes wiederum muß erlernt werden. Das geschieht durch den Umgang mit den Artgenossen und dauert oft länger als die eben erwähnte Prägung.

Es gibt Tiere mit klassischen Arterkennungsmerkmalen. Fünf Meter hohe Tiere mit einem langen gefleckten Hals können nichts anderes sein als Giraffen. Eine leuchtend gelbe Kehle weist einen Hühnervogel eindeutig als Gelbkehlfrankolin aus. Eine Echse mit rotem Kopf muß eine Siedleragame sein. Nur Nachtpfauenaugen haben an einer bestimmten Stelle ihre Augenflecken. Das sind wirklich unverwechselbare Merkmale, an denen Artgenossen einander erkennen können. Sie sind entwicklungsgeschichtlich nicht unter dem Druck entstanden, eine Art besonders für Artgenossen erkennbar zu machen. Vielmehr gestattet der lange Hals der Giraffe die Erreichbarkeit von Laub in größeren Höhen und verhilft zu einer guten Übersicht in der Savanne, die der Feindvermeidung dient. Die Augenflecken auf den Flügeln eines Nachtpfauenauges kann Freßfeinde abschrecken, die »glauben«, ein größeres Tier blicke sie mit diesen Augen an.

Aber es gibt einander ähnliche Tiere, die verschiedenen Arten oder sogar Gattungen angehören und schwer voneinander zu unterscheiden sind. Wer auf einer Afrikasafari

Schliefer zu sehen bekommt, kennt dieses Problem. Diese, in Luthers Bibelübersetzung als Kaninchen bezeichneten und auch etwa kaninchengroßen Bewohner von Felsen, Büschen und Bäumen, denen man irrtümlicherweise lange Zeit nachsagte, sie seien die nächsten Verwandten des Elefanten, sehen einander wirklich zum Verwechseln ähnlich. Dabei sind es nicht nur unterschiedliche Arten, sondern sogar drei Gattungen: Baum-, Busch- und Klippschliefer. Da sie zu allem Überfluß auch noch gelegentlich gemeinsam in gemischten Trupps vorkommen, ist für uns Menschen die Unterscheidung nur noch dem Experten möglich.
Den Tieren selbst ist natürlich eine Unterscheidung selbstverständlich. Uns beweist dies jedoch einmal mehr, daß eine große äußere Ähnlichkeit keineswegs auf die Zugehörigkeit zur gleichen Art schließen läßt.

Wenn bestimmte Verhaltenselemente bei ähnlich aussehenden Arten übereinstimmen, besteht tatsächlich die Gefahr einer Verwechslung. Wenn gleichzeitig die Besiedlungsdichte gering ist, kann es dann in freier Natur allein deshalb zu Bastardierungen unter verschiedenen Arten kommen, weil Artgenossen einander nicht begegnen. Aber auch bei in großer Anzahl nebeneinander im gleichen Lebensraum lebenden Arten kommen gelegentlich Artenmischlinge vor. Sogar bei Säugern ist das möglich. So haben wir in der freien Wildbahn im Mkuzi Reservat in Südafrika einmal einen Bastard zwischen Großem Kudu und Tieflandnyala gesehen. Im allgemeinen aber ist einer Bastardierung vorgebeugt durch eindeutige Signale, die eine Art als unverwechselbar charakteristisch für sich allein in Anspruch nimmt, sowohl was ihre Aussendung als auch ihre Erkennung angeht. Oft sind es z. B. nur feine Unterschiede im Geruch, an denen sich Schmetterlinge oder andere Insekten von Art zu Art unterscheiden können. Einige Froscharten, die im gleichen Lebensraum ansässig sind, unterscheiden sich in den Überlappungs-

gebieten nur durch ihre Tonhöhe und -länge. Das genügt zur Arterkennung.
Ein machtvolles Mittel ist das Verhalten. Und dabei ist es wiederum das Sexualverhalten, das besonders artspezifisch ist. Aus einer Stammart können sich zwei neue Unterarten entwickeln, die ihrerseits wieder eines Tages zu einer – unter Biologen sogenannten »guten Art« werden. Das bedeutet, daß die von den Systematikern geforderten Kriterien zur exakten Abgrenzung einer Art gegeben sind. Die Übergänge von bloßen Unterarten zu »guten Arten« sind fließend. Dennoch gibt es viele verläßliche Merkmale, die eine Abgrenzung einer Art zu einer Unterart zulassen. Viele neue Arten entstehen dadurch, daß sich einige ihrer Populationen geografisch voneinander entfernen und in Streifgebieten ansiedeln, die sich durch verschiedene ökologische Bedingungen unterscheiden. Die so auseinanderstrebenden Arten passen sich zunehmend ihren neuen Lebensräumen an und entwickeln dabei neue körperliche Merkmale und ein neues sinnvolles Verhalten.
Die Darwinfinken auf Galapagos liefern hierzu ein sehr berühmtes Beispiel: Ursprünglich war es eine einzige Art, die sich über die verschiedenen Inseln des Galapagos ausbreitete und sechs neue Archipels-Arten entwickelte, je nachdem, auf welcher Insel sie sich ansiedelten. Je länger jede dieser Populationen »ihre« Insel bewohnte, desto mehr paßte sie sich in Körperbau und Verhalten an die jeweiligen äußeren Umstände an, die für den Lebensraum typisch waren. Die Isolierung der neuentstehenden Unter- bzw. nach langer Zeit »guten Arten« bewirkte, daß sich mögliche Sexualpartner nicht mehr richtig »verstehen« konnten, obwohl sie einmal gleiche Vorfahren hatten. Sie deuten die Verhaltensweisen des fremden Finken anders, als sie artgemäß »gemeint« waren. Populationen einer Art, die längere Zeit voneinander getrennt sind, entwickeln eben in Anpassung an ihre unter-

schiedlichen Lebensräume neue Eigenschaften, die schließlich erblich festgelegt werden. Schon sehr bald machen sich Unterschiede in der geduldeten Individualdistanz, beim Balz- und im Paarungsverhalten bemerkbar. Das wird besonders deutlich, wenn Mitglieder sich auseinanderentwickelnder Populationen der gleichen Art zufällig aufeinandertreffen, wo sich die Streifgebiete gerade eben noch überlappen. Sie verhalten sich gegenüber den Mitgliedern so einer fremden Population in vielen Einzelheiten anders als ihre gemeinsamen Vorfahren vor vielen Generationen. Sie lassen »die Fremden« beispielsweise nicht so nahe herankommen, und sie »verstehen« oft ihre Lautäußerungen nicht mehr als arteigen. Das verhindert die Fortpflanzung zwischen solchen Populationen; es kommt, wie bei den Darwinfinken, zu neuen Unter- bzw. nach langer Zeit zu »guten Arten«.

Von manchen Singvögeln – beispielsweise von Buchfinken – weiß man, daß unterschiedliche Populationen im gleichen Verbreitungsgebiet unterschiedliche Dialekte in ihren Gesängen haben. Wenn sich solche Gesänge über viele Generationen hinweg immer unähnlicher werden, kann es durchaus geschehen, daß sich entfernt voneinander lebende Populationen nicht mehr verstehen. Werden diese – etwa durch eine Naturkatastrophe – dann einmal in dasselbe Gebiet gedrängt, können sich beide möglicherweise überhaupt nicht mehr am Gesang als Artgenossen erkennen.

Bei manchen nahe verwandten, ähnlich aussehenden Insekten sind gewissermaßen Notbremsen vorhanden, damit es bei der Begattung nicht zu einer Artvermischung kommt. Besonders stürmische Männchen mancher Arten stürzen sich auf alles, was so ähnlich aussieht oder riecht oder sich so anhört wie die eigenen Artgenossen. Zum Glück gehören zur Begattung immer zwei, so daß manch ein Weibchen einem solchen »Triebtäter« einer anderen Art energischen Widerstand entgegensetzen kann. Es vertreibt das sexuell zudringliche Männchen und macht ihm damit deutlich, daß es sich in der Art geirrt hat.

Die Kennzeichen der Geschlechter

Im Abschnitt über den Geschlechtsdimorphismus (s. S. 75) legen wir die erkennbaren Unterschiede zwischen Männchen und Weibchen dar. Dabei muß man sich darüber klar sein, daß die zum Teil bemerkenswerten Geschlechtsunterschiede entwicklungsgeschichtlich keineswegs ausschließlich entstanden sind, um dem Sexualpartner Auskunft darüber zu geben, ob er einen gegengeschlechtlichen Artgenossen vor sich hat. Unterschiedliche Kennzeichen der Geschlechter haben sich zumindest teilweise aus ganz anderen Gründen entwickelt, nämlich um die für das Geschlecht spezifischen Aufgaben lösen zu können. Nur in einem Geschlecht vorhandene Waffen wie Hörner, Sporen, Stacheln haben sich nicht etwa als Beweis für die Männlichkeit ihrer Träger entwickelt. Sie entstanden vielmehr als Waffen, die fast ausschließlich im Kampf unter gleichgeschlechtlichen Artgenossen zur Herstellung einer Rangordnung oder zum Austragen von Rivalitäten benutzt werden. Bei den Säugetieren kämpfen z. B. Hirsche in der Brunstzeit, Elefanten zur Aufrechterhaltung einer Rangordnung und Nashörner gegen Rivalen. Dennoch sind diese Waffen gleichzeitig auch gute Erkennungszeichen des Geschlechts.

Aber auch Farben, Gerüche oder Gesänge, durch die sich die Geschlechter deutlich voneinander unterscheiden, haben große Bedeutungen in ganz anderen Funktionskreisen als dem der Geschlechtserkennung. Sie werden oft ebenso wie

die eben erwähnten Waffen im Wettstreit unter Artgenossen eingesetzt. Fische drohen mit schillernden Farben Artgenossen an, bis diese fliehen oder sich dem Kampf stellen. Vögel oder Frösche markieren mit lautem Gesang ihre Territorien. Löwen geben mit Duftmarken bekannt, daß sie in diesem Gebiet die Herren sind. Stinktiere benutzen ihr übelriechendes Drüsensekret zur Feindabwehr. Hundeartige markieren mit ihrem Urin die Landschaft, um ihre eigenen Wege wiederzufinden. Dennoch können die Weibchen daran auch das Geschlecht erkennen. Männliche Winkerkrabben mit einseitig ausgebildeten Riesenscheren winken damit zwar Weibchen zur Paarung heran, können aber mit diesen Scheren zugleich auch gegen Artgenossen kämpfen, Nahrung festhalten oder danach graben.
Manche Geschlechtsunterschiede stehen im Dienste der Aufgabenteilung im täglichen Leben. Männliche Husarenaffen sind viel größer als ihre Weibchen. Deshalb klettern sie auf Bäume, Felsbrocken oder Termitenhügel, um von oben Ausschau nach Feinden zu halten. Die Natur arbeitet stets nach einem Sparsamkeitsprinzip, deshalb werden ein und dieselbe Fähigkeit oder ein und dasselbe Merkmal in sehr unterschiedlichen Funktionskreisen eingesetzt.

Die »Reife«-Prüfung

Sexualverhalten ist energieaufwendig, wie auf S. 34 dargestellt. Nach dem Sparsamkeitsprinzip, das sich durch die gesamte belebte Natur zieht, können sich Tiere einen vergeblichen Energieeinsatz nicht leisten. Deshalb muß ein paarungsbereites Tier, bevor es irgendeine sexuelle Aktivität entwickelt, nicht nur wissen, ob der auserwählte Partner der

richtigen Art und dem richtigen Geschlecht angehört, sondern auch, ob er bereits geschlechtsreif ist.
Ein wichtiges Indiz für die Geschlechtsreife sind die altersabhängigen Größen. Dabei kommt es nicht auf die absolute Größe an – es gibt ja bei vielen Arten sehr kleine Erwachsene und zugleich recht große Halbwüchsige. Entscheidend sind die Proportionen. Was der große Verhaltensforscher Konrad Lorenz beispielsweise so volkstümlich als »Kindchenschema« bezeichnet hat, meint körperliche Merkmale, die bei uns Menschen Pflege- und Fürsorgegefühle auslösen. Besonders deutlich wird dies an den Proportionen des Kopfes: rund, pausbäckig, große Augen, hohe Stirn. Das Fell bei Säugetierkindern ist kuschelig, das Gefieder bei Jungvögeln noch flaumig weich. Die Pfoten wirken im Verhältnis zum übrigen Körper groß und sehen tolpatschig aus. Ob diese Merkmale aber überhaupt das Pflegeverhalten bei Tieren auslösen und nicht nur auf uns Menschen so wirken, ist ziemlich zweifelhaft. Immerhin signalisiert ein Tier mit rundem Kopf, weichem Fell, großen Augen und den anderen Kriterien des Kindchenschemas einem Artgenossen sein jugendliches Alter. Daran kann ein unter dem Druck seines Geschlechtstriebes stehendes erwachsenes Männchen dann erkennen, daß dieses Individuum für gemeinsame Sexualität noch zu jung ist. Und diese Information ist schließlich auch eine wichtige Nachricht ...
Mehr noch als Größe und Proportionen sagt das Verhalten etwas über die Geschlechtsreife aus. Ein Tier, das sich bei allen Aktivitäten des täglichen Lebens wie z. B. Fortbewegung, Freß- und Trinkverhalten, Komfortverhalten, Ruheverhalten oder Feindvermeidung »erwachsen« verhält, wird vermutlich auch geschlechtsreif sein. Das Gegenteil ist der Fall, wenn Tiere noch an bestimmten Spielen teilnehmen, als Säugetiere noch Milch trinken, sich als Vögel noch von den

Eltern hudern (mit dem Gefieder wärmen) oder füttern lassen oder als Fische noch keinen der jeweiligen Situationen entsprechenden Farbwechsel vornehmen.
Quer durch alle Klassen des Tierreichs spielen auch Geruchseindrücke als Zeichen der Reife eine große Rolle. Erwachsene Tiere riechen anders als Jungtiere. Bei vielen Vögeln läßt sich an der Häufigkeit, der Tonlage, dem Rhythmus und der Melodie geäußerter Laute die Geschlechtsreife für Artgenossen erkennen. Tiere beispielsweise, die Eltern-Kontaktlaute ausstoßen, sind in aller Regel noch nicht geschlechtsreif. Wahrscheinlich ist es ein ganzer Komplex von Eindrücken über die verschiedensten Sinneskanäle, nach denen ein Tier auf Partnersuche feststellen kann, ob ein Artgenosse bereits geschlechtsreif ist.
Manche geschlechtsreife Insekten und Würmer besitzen als deutliche Abweichung der Geschlechter voneinander unterschiedlich gebaute und unterschiedlich leistungsfähige Sinnesorgane – eine Eigenschaft, die beispielsweise bei Säugetieren nicht vorkommt. Meist sind die Männchen in dieser Beziehung »besser« ausgestattet. Besonders für den Geruchssinn trifft das zu. Als die Maikäfer noch häufig waren, konnte jedes Kind die Männchen an der viel größeren Blatterbeule der Fühler erkennen, die den Geruchsapparat trägt. So finden auch die Sexualpartner mancher Schmetterlingsarten ausschließlich durch den Geruch zueinander. Bei den äußerst geringen Mengen von duftenden Lockstoffen, die ein Schmetterlingsweibchen dem Wind übergibt, braucht das Männchen einen sehr leistungsfähigen Empfangsapparat. Es muß diese Duftstoffe ja nicht nur wahrnehmen, sondern sie auch über viele Kilometer als Duftspur verfolgen können. Das ist sehr gut bei den Seidenspinnern erforscht worden. Deren auf geringste Duftstoffmengen ansprechendes Organ zur Identifikation ihrer weiblichen Artgenossen steht ganz im Dienste der Fortpflanzung.

Das Prachtgefieder bei Vögeln signalisiert Geschlechtsreife, darüber hinaus auch oft die Paarungsbereitschaft. Korallenfische sind in der Jugend oft ganz anders gefärbt als im Erwachsenenalter, so daß bei ihnen die Färbung und das Muster anzeigen, ob die Fische noch jugendlich oder schon geschlechtsreif sind.

Wann ist ein Artgenosse paarungsbereit?

Wenn ein Tier signalisiert, paarungsbereit zu sein, so ist das eigentlich nur eine prinzipielle Äußerung. Es heißt nicht – oder es muß nicht heißen –, daß nunmehr die Paarung unmittelbar angestrebt wird. Das ist vielmehr Sache der Werbung, bei der sich paarungsbereite Tiere beiderlei Geschlechts zur Begattung anbieten.
Für ein begattungsbereites Tier ist es wichtig, ob ein von ihm aufgefundener geschlechtsreifer Artgenosse auch paarungswillig ist. Es gibt sehr viele Möglichkeiten, um dies festzustellen. Durchweg sind männliche Tiere länger und dauerhafter paarungsbereit als weibliche. Bei vielen Arten zeigen sich nur die Weibchen ausschließlich während einer bestimmten Zeit fortpflanzungsbereit. So gibt es – außer beim Menschen – bei allen höheren Tieren einen zumindest unter Artgenossen erkennbaren Östrus. Das ist jener Zustand, der meist von Sexualhormonen gesteuert wird und zur Ausbildung sexueller Signale über die Begattungsbereitschaft führt. Der Brunftschrei des Hirsches, die Schwellung der Genitalregionen bei vielen Affenarten, die Absonderung besonders riechender Sekrete bestimmter Drüsen bei vielen Säugetieren, wie z. B. bei den Hundeartigen, sind Zeichen des Östrus. Geschlechtsreife Artgenossen können daran erkennen, daß

jetzt eine Möglichkeit zur Begattung und zur Befruchtung besteht.

Meist gibt es mehrere Perioden im Jahr, in denen es zum Östrus kommt. Im Volksmund gibt es allerlei Umschreibungen für diesen Zustand. Bei den Geweihträgern in unserer »Restnatur« spricht man von Brunft oder Brunst, einem aus der Jägersprache entlehnten Wort. Den gleichen Ursprung hat auch der Begriff Ranzzeit für Raubtiere, Rammelzeit für Hasen und Kaninchen, Rauschzeit bei Schwarzwild. Bei Katzen sprechen wir davon, daß sie rollig seien. Der Östrus bei Hunden wird als Läufigkeit bezeichnet, bei Pferdeartigen als Rossigkeit.

Bei manchen Arten, wie z. B. unseren Hirschen, sind auch die männlichen Tiere nur während der Brunft paarungsbereit. Männliche Löwen dagegen sind zu jeder Zeit geschlechtsbereit. Elefantenbullen wiederum kommen in sehr unregelmäßigen Zeitabständen, meist mit einem Zwischenraum von vielen Monaten, in die sogenannte »Musthperiode«, in der allein sie von den Elefantenkühen als Sexualpartner akzeptiert werden.

Sehr oft ist die östrische Periode von Witterungs- oder Klimabedingungen abhängig. Viele Vogelarten können ihre Brut nur zu einem Zeitpunkt hochbringen, an dem es genügend Insekten gibt. Das ist in gemäßigten Breiten Frühling und Sommer, in den Tropen die Regenzeit oder die Periode kurz nach der Regenzeit. Deshalb legen z. B. die Webervögel in Afrika ihr zur Werbung übliches Brutkleid kurz vor der Regenzeit an. Arten mit großem Verbreitungsgebiet über unterschiedliche klimatische Großräume zeigen beispielweise nur in den gemäßigten Gegenden keine Saisonalität. So leben Impalas in Ostafrika ohne festgelegten Östrus, in Südafrika dagegen haben sie von Gegend zu Gegend unterschiedliche Zeiträume, in denen sie in den Östrus geraten.

Während der weibliche Östrus vielfach diskret und – vor allem für uns Menschen – nicht so leicht zu erkennen ist, sind die Prachtkleider männlicher Tiere unverkennbare Hinweise auf ihre Begattungsbereitschaft. Ob es nun der faszinierend schillernde männliche Buntbarsch ist oder ein Elefantenbulle in der vollen Musth – es ist unschwer zu begreifen, daß derartig deutliche Signale von den Kühen verstanden werden.
Bei Insekten ist manches in diesem Bereich allein durch ihre Individualentwicklung anders. Als Larven oder Puppen sind sie noch nicht geschlechtsreif und meist auch kein geeignetes Paarungsobjekt. Allerdings haben wir bereits einmal erlebt, wie eine Wanderheuschrecke versuchte, mit einer Larve ihrer eigenen Art zu kopulieren. Die fertigen Insekten sind bei einigen Arten gleich nach dem Schlupf aus der Puppe begattungsbereit. Freilich müssen beispielsweise bei Schmetterlingen und Libellen zunächst einmal die Flügel erhärten, ehe es mit der Balz und gleich anschließender Paarung losgehen kann. Düfte, Hochzeitsgeschenke, über die auf S. 68 u. 107 berichtet wird, Lautäußerungen dienen der Mitteilung der Paarungsbereitschaft bei allen möglichen Tierarten. Manchmal lassen sich Werbung und Signalisieren der Paarungsbereitschaft allerdings schwer voneinander trennen. Das zeigt das Beispiel der Leuchtkäfer, die mit ihren Leuchtsignalen sowohl werben als auch – nach erfolgreichem »Einsatz« – mit anderen Leuchtsignalen ihre unmittelbare Paarungsbereitschaft ankündigen. Bei einer Tierart erfolgt sogar der Zeitpunkt der Befruchtung nach einem natürlichen Terminkalender. Im Pazifischen Ozean, um die Fidschi-Inseln herum, leben Paolalowürmer in Gängen, die sie sich selbst in Korallenkalk bohren. Dort sind die verletzlichen Tiere gut geschützt. Exakt eine Woche vor Vollmond im Oktober und November lösen sich ihre mit Keimzellen randvollen Hinterleiber ab. Diese schwimmen

an drei Tagen aus tiefen Wasserschichten an die Oberfläche des Meeres, wo die Befruchtung stattfindet. Es ist nicht bekannt, auf welche Weise diese präzise Synchronisation erfolgt.

4. Werbung – der erste Schritt zur Paarung

Entscheidungshilfen bei der Partnerwahl

Die Binsenweisheit, daß immer zwei dazu gehören, wenn's um geschlechtliche Vermehrung geht, erfordert – wie im vorangehenden Kapitel dargelegt – als erste Voraussetzung die Erkennung der »richtigen« Art, des »richtigen« Geschlechts, der Geschlechtsreife und der Paarungsbereitschaft.

Erst wenn in dieser Beziehung alles stimmt, folgt der nächste Schritt. Zwei Partner müssen zueinanderfinden, bevor sie sich dann auch tatsächlich verpaaren können. Das ist oft gar nicht so einfach, und die Wahl kann durchaus zur Qual werden.

Das Werbungsverhalten im Tierreich mit seiner ungeheuren Vielfalt hat weder etwas zu tun mit der romantisch erklärten Vorstellung vom Minnegesang früherer Tage noch mit der modern-coolen »Anmache« junger Menschen von heute. Wenn bei Tieren Werbung stattfindet, ist sie unerläßlich notwendiger Bestandteil des Sexualverhaltens. Sie ist der erste Schritt überhaupt zur Vereinigung von weiblichen mit männlichen Keimzellen.

Das aktive handelnde Werben übernimmt meist das männliche Geschlecht. Fast immer sind die Männchen in allen sexuellen Aktivitäten unersättlich. Männlichkeit läßt sich geradezu damit definieren, das Leben darauf abzustellen, möglichst viele Eizellen zu befruchten.

Weibchen dagegen machen es sich »zur Lebensaufgabe«, möglichst gutes männliches Erbmaterial zu ergattern und mit

diesem dem eigenen Erbgut durch Generationen hin zur Verbreitung zu verhelfen. Dieses Bemühen beginnt bei vielen Tierarten schon während der Aufzucht der Jungen. Dabei tragen die Weibchen weit mehr Last und investieren mehr Energie.
Das Sich-Umwerben-Lassen, ebenfalls ein wichtiger Bestandteil des Werbeverhaltens, gehört in aller Regel zum Aufgabenkatalog weiblicher Tiere. Männchen zeigen meist, so der Biologe Bateman, einen »unkritischen Paarungseifer«, während Weibchen ihre Wahl durch »scharf unterscheidende Passivität« durchführen. Daß es bei einigen Arten z. B. zum »Rollentausch« kommen kann, beschreiben wir an anderer Stelle (s. S. 105).
Von der Qualität dieses aktiven und passiven Werbeverhaltens hängt weitgehend der Fortpflanzungserfolg der beteiligten Partner ab. Beide Geschlechter müssen danach trachten, so viele von ihren Keimzellen in die Fortpflanzung einzubringen wie überhaupt nur möglich. Dabei geht es keineswegs allein um die Zeugung einer möglichst großen Zahl von Nachkommen. Vielmehr muß durch die Werbung bereits erreicht werden, einen ganz besonders lebenstüchtigen, gesunden Partner zu finden. Das steigert die Chance, daß das eigene Erbgut auch noch an die nächsten Generationen weitergegeben werden kann.
Es kommt also bei der Werbung darauf an, anhand vieler Einzelheiten und an der Kombination verschiedener Elemente des Werbeverhaltens die Qualität der Partner zu testen und einzuschätzen. Dabei spielen u. a. denn auch die Zur-Schau-Stellung körperlicher Merkmale und bestimmter Verhaltensweisen eine Rolle, die auch sonst im Alltagsleben von entscheidender Bedeutung sind. Ein Steinbock mit gewaltigem Gehörn ist meist auch ein kraftvolles Tier. Allein die Größe der Stirnwaffen zeigt bei Hornträgern, daß sie in der Lage sind, Weidegründe zu finden, in denen eiweißreiche

Nahrung als Rohmaterial für die Ausbildung ihrer Stirnwaffen in Hülle und Fülle bereitsteht. Auch die Fähigkeit des Stoffwechsels, Calcium in schnell wachsendes Knochen- oder Gehörngewebe einzubauen, gehört dazu. Alles Eigenschaften, die durch die Demonstration machtvoll ausgeprägter Stirnwaffen im Werbeverhalten deutlich werden.

Was Darwin bereits betonte

Durch gezielte Wahl geeigneter Partner üben die Weibchen einen großen Selektionsdruck auf die Männchen aus. Nur Männchen mit solchen Merkmalen, die von den Weibchen besonders geschätzt werden, haben Chancen, erkoren zu werden und damit zur Fortpflanzung zu gelangen. Das führt zu einer harten Konkurrenz unter den potentiellen Geschlechtspartnern. So richten sich die meisten Aktivitäten beim Werben, Balzen und anderen rivalisierenden Verhaltensweisen gegen andere Männchen, die ausgestochen werden sollen, um so als Bewerber auszuscheiden.
Schon Darwin hatte erkannt, daß sich bei den Männchen spezielle Waffen für diesen Kampf entwickelt haben, aber auch bestimmte Zeichnungen, Farben und vor allem auch Verhaltensweisen, die den Weibchen besonders »gefielen«. Darwin betonte ausdrücklich, daß es neben der Rivalität innerhalb des gleichen Geschlechtes, bei der es um das Besiegen der anderen durch Kämpfe geht, zusätzlich eine Auswahl zwischen den beiden Geschlechtern stattfindet. Dabei ist nicht rohe Kraft ein wichtiges Mittel, sondern »das Vermögen zum Bezaubern der Weibchen«. Rivalität unter Männchen wird also nicht nur mit dem Erscheinungsbild von Kraft und Stärke nach Art des Bodybuilding oder durch einen

rabiaten Kampfstil ausgefochten. Die Konkurrenz kann auch durch absolut friedliche Fähigkeiten entschieden werden.

Männchen werben – Weibchen wählen

Die Methoden, mit denen Männchen werben, und die Merkmale, nach denen die Weibchen wählen, sind sehr vielfältig. Bei polygyn lebenden Arten (vgl. S. 30) können Rivalitätskämpfe direkt unter den Augen der umworbenen Weibchen stattfinden, um diesen die körperliche Kraft der Werbenden zu demonstrieren. Die Balz der Rauhfußhühner ist dafür ein bekanntes Beispiel. Das Zur-Schau-Stellen und der Einsatz von Stärke unter Rivalen können durch Lautäußerungen wie Kollern bei Auerhähnen oder Röhren bei Hirschen unterstützt werden. Werbung kann auch durch besondere Farbenpracht begleitet werden wie etwa bei Kampfläufern, deren »Turniere« auch uns Menschen nicht nur ein kämpferisch-hitziges, sondern ausgesprochen buntes Schauspiel bieten.
Die Merkmale, nach denen Weibchen ihre Wahl treffen, sind unseren menschlichen Sinnesorganen oft nicht zugänglich. Sie »leuchten« unserem Menschenverstand meist auch nicht »ein«. In der Wissenschaft streitet man sich über die stammesgeschichtliche Entstehung und die Bedeutung der Kriterien, nach denen die Weibchen ihre Partnerwahl treffen. Kommt es bei der Partnerwahl darauf an, ob bestimmte Merkmale von Eigenschaften oder Verhaltensweisen abgeleitet oder entlehnt sind, die für die Partner oder deren Nachwuchs später im Bereich der Sexualität von besonderer Bedeutung sind? Oder entscheiden manche Merkmale rein zufällig über die Wahl eines Individuums? In jedem Fall möchten wir noch einmal darauf hinweisen, daß Werbung

und Wahl – wie überhaupt das gesamte Verhalten der Tiere – triebhaft und ohne jedes Wollen abläuft, das nur dem Menschen möglich ist. Insofern »wissen« die Tiere nicht, was sie tun, und sie »wollen« auch keine von Einsicht diktierten Handlungen begehen.

Aus der Perspektive der Weibchen liegt der Beitrag zum Werbeverhalten darin, auf das werbende und dann akzeptierte Männchen mit Einverständniserklärungen zu reagieren. Die »bestandenen Prüfungen« müssen von den werbenden Männchen »verstanden« werden. Affenweibchen bieten den als Sexualpartner geduldeten oder erwählten Männchen als Zeichen erfolgreicher Werbung auffordernd ihr ausgestrecktes Hinterteil dar. Erfolgreich umworbene Antilopenweibchen verlangsamen ihre zuletzt auch nur noch scheinbare und angedeutete Flucht, bleiben vor dem Männchen stehen oder heben den Schwanz beiseite. Buntbarsche signalisieren sexuelles Einverständnis mit Partnern durch Farbwechsel oder Anlegen eines bestimmten Fleckenmusters. Heuschrecken erledigen das mit leisen Lautäußerungen, die sie erzeugen, indem sie mit den Beinen an bestimmten Körperteilen reiben.

Wir dürfen das Verhalten umworbener Weibchen jedoch nicht aus menschlicher Sicht beurteilen. Nach unseren Maßstäben »kümmern« sich bei vielen Arten die Weibchen überhaupt nicht um das Imponieren und die Demonstration der Stärke ihrer Männchen. Bei vielen Webervogelarten bauen die Männchen in einem prachtvollen Brutgefieder kompliziert konstruierte, retortenförmige, flaschen- oder kugelartige Nester. Vor deren Ausgang flatternd, zeigen sie nicht nur ihre persönliche Kraft, Stärke und Schönheit, sondern weisen auch noch auf den Prachtbau von einem Nest hin. Zugleich zwitschern sie ihre Werbung laut in die Welt. Die Weibchen sehen diesem Treiben so zu, daß wir sie mit menschlichen Begriffen als völlig uninteressiert bezeichnen

möchten. Dabei begutachten sie Bau und Lage der Nester sowie Eifer, Gefiederfarbe und Gesang der Männchen durchaus sehr kritisch, wenn auch für uns kaum wahrnehmbar.
Rivalenkämpfe unter Hirschen inmitten eines Weibchenrudels scheinen die weiblichen Tiere eher zu belästigen als zu interessieren. Ein Schwertträgerweibchen weidet weiter Algen von den Blättern einer Wasserpflanze und kümmert sich scheinbar überhaupt nicht um die flott geschwommenen Halbkreise, die das werbende Männchen mit betont aufgerichteter Rückenflosse nur um eine Auserwählte zieht. Und so weittragend laut der Schrei einer Trappe auch sein mag, wir Menschen sehen an der Umbalzten keine Reaktion. Aber diese Eindrücke täuschen!
Eine besondere Möglichkeit für Weibchen, unter den möglichen Sexualpartnern auszuwählen, ist das sogenannte *Sprödigkeitsverhalten.* Weibchen, die dies zeigen, paaren sich nicht mit dem erstbesten Männchen. Vielmehr entziehen sie sich den werbenden Bemühungen vieler Männchen, bis sie schließlich dem »richtigen« den sexuellen Zugang gewähren, indem sie ihr vorheriges Sprödigkeitsverhalten aufgeben. Der »richtige« Partner wird häufig jener sein, der sich durch die Sprödigkeit nicht entmutigen ließ und immer wieder und anhaltend wirbt.
Es ist anzunehmen, daß Dauer und Intensität der Balz auch besondere Merkmale für das Ausmaß der Männlichkeit und damit auch der Fortpflanzungsfähigkeit sind.
Tatsächlich verfolgen die umworbenen Weibchen die Bemühungen der werbenden Männchen meist sehr genau. Sie tun das nur auf andere Art und bewerten des Werben nach anderen Maßstäben, als unkundige Menschen das von ihnen erwarten. Auf jeden Fall gelingt es einem umworbenen Weibchen, die Spreu vom Weizen der Bewerber zu trennen.
Und das ist der wichtigste Beitrag der weiblichen Tiere bei der Werbung: Sie müssen die Qualitäten der Männchen beur-

teilen und danach eine Entscheidung treffen. Männchen bemühen sich um Selbstdarstellung. Dabei können sie erfolglos sein. Umworbene Weibchen erfahren bereits durch die Werbung, daß sie als Sexualpartner erstrebt werden. Männchen werben, Weibchen wählen.

Quantität vor Qualität?

Betrachtet man die bei den einzelnen Geschlechtern verfügbaren Keimzellen, wird vor allem das Prinzip verständlich, daß Weibchen sorgfältig wählen müssen. Bei den meisten Tieren produziert ein Männchen Milliarden von Spermazellen. Bei manchen Arten kann es nur »hoffen«, daß zumindest einzelne im Laufe des gesamten Lebens gelegentlich auf eine Eizelle treffen. Männchen können – von den strikt monogamen Arten abgesehen – an jeder Ecke auf etliche Weibchen treffen, mit denen sie sich fortpflanzen können. Wenn nun einige von ihnen den Nachwuchs schlecht betreuen oder gar verkommen lassen, ist das für den Gesamterfolg der männlichen Fortpflanzung nicht weiter schlimm. Der Zufall wird wahrscheinlich auch ein paar Weibchen dabeisein lassen, die ihre Jungen erfolgreich hochbringen.
In Sozialverbänden mit promiskuen Paarungsstrukturen können Männchen außerdem der Spermakonkurrenz vertrauen. Dabei konkurrieren Spermamengen all jener Männchen miteinander, die mit demselben Weibchen kopuliert haben. Aktiv können solche auf die Durchsetzung ihrer Vaterschaft keinen Einfluß nehmen, weil sie sich ja nicht als Individuen gegenseitig Konkurrenz machen und weil auch die Weibchen aktiv keine Wahl unter den Männchen treffen. Bei manchen Fischen beispielsweise, deren Spermien »hohe

Qualität« aufweisen und in Massen zur Verfügung stehen, können diese, als Wolke im Wasser abgesetzt, auf der Suche nach einer ebenfalls frei im Wasser umherschwimmenden Eizelle lange durchhalten.
Bei promiskuen Tierarten (s. S. 32) kann ein Männchen durch Werbung allerdings durch eigene Aktivität gelegentlich erreichen, so oft zur Begattung zu kommen, daß eines seiner Spermien schließlich erfolgreicher ist als die seiner »Mitkopulierer«. Das setzt natürlich voraus, daß dieses promiskue Männchen lange genug bei den Exzessen an Kopulationen mithalten kann. Dazu braucht es Kraft und eine eventuell sogar längere Zeit hochtourig laufende Spermaproduktion.

Kunst am Bau als Werbemittel

Werbung wird nicht nur mit körperlichen Eigenschaften oder mit einem besonderen Verhalten betrieben. Manche Arten setzen dabei auch andere Mittel ein. Wenn der Zugang zu den Weibchen beispielsweise von der Errichtung und Verteidigung geeigneter Territorien abhängt, werben die Männchen quasi mit Hilfe der von ihnen errichteten und verteidigten Territorien. Männchen aus Arten, die Fortpflanzungsterritorien errichten, zeigen zwar den von ihnen begehrten Weibchen ihre Anwesenheit und ihre Kraft, jedoch entscheiden die Weibchen sich nicht für das betreffende Männchen, sondern für seinen territorialen »Besitz«. Allerdings können sie meist den Schluß ziehen, daß gute Territorien im Besitz starker Männchen sind. Dazu gehören – wie erwähnt – das perfekt gebaute Nest eines Webervogels ebenso wie die üppige Weide mit dem Zugang zum Wasser bei einer territorialen Antilopenart. Auch Qualität und Häufigkeiten von »Hoch-

zeitsgeschenken« (s. S. 107) sagen etwas über die Eigenschaften der Überbringer aus.
Bei den Laubenvögeln – sie sind den besonders farbenprächtigen Paradiesvögeln verwandt – besitzen die Männchen ein schlichtes Gefieder, das den Weibchen nicht besonders in die Augen sticht. Es zeigt kaum das Geschlecht des Vogels an. Um den Weibchen dennoch zu imponieren, bauen diese Vögel mit großem Energieaufwand aus Zweiglein und Pflanzenteilen sogenannte Lauben auf vorher von ihnen gesäuberten Plätzen. Um das Fehlen der eigenen Farbenpracht auszugleichen, schmücken sie diese Lauben mit allen möglichen auffällig gefärbten Materialien – von Blütenblättern über Steinchen bis hin zu Kronkorken. Die Qualität einer solchen Laube wird vom Weibchen sorgfältig eingeschätzt und zum Wahlkriterium für die Einwilligung zur Verpaarung gemacht. Ist ein Weibchen nicht einverstanden, wartet das Männchen auf das nächste. Bis sich ein Weibchen findet, dem diese »Kunst am Bau« zusagt. In diesen Lauben findet nur die Balz statt, die Paarung erfolgt am Boden oder auf einem Ast, für Eiablage und Jungenaufzucht wird ein Nest gebaut.

Was ist den Weibchen wichtig?

Es gibt Arten, bei denen *ältere Männchen* als Sexualpartner bevorzugt ausgewählt werden. Sie dürften im Laufe ihres Lebens erfolgreich mit vielen Schwierigkeiten fertig geworden sein, wie etwa mit Hunger- oder Durstperioden, großem Feinddruck, gefährlichen Seuchen o. ä. Wer über all solche Klippen des Daseins gut hinweggekommen und alt geworden ist, hat bereits viele seiner Fähigkeiten besser bewiesen als ein jüngerer gleichgeschlechtlicher Artgenosse, der dem »Ernst des Lebens« noch nicht hat trotzen müssen.

Die *Größe* des Partners ist oft ein wichtiges Kriterium für dessen Wahl als Sexualpartner. Bei Erdkröten versprechen große Weibchen einen riesigen Eiervorrat, sie werden daher von den Männchen bevorzugt. Die Weibchen ihrerseits streben danach, möglichst große und starke Männchen zu bekommen. Damit liegt auf der Körpergröße ein gewisser Selektionsdruck, weil sie beiden Geschlechtern einen besonderen Fortpflanzungsvorteil bringt. In der Realität paaren sich aber keineswegs immer nur die größten Tiere miteinander, schon weil zur Zeit der höchsten Fortpflanzungsbereitschaft jede Erdkröte schließlich nur jene Partner für sich beanspruchen kann, die gerade vorhanden sind. Daher – aber auch noch aus anderen Gründen – gibt es noch keine Tendenz, daß diese Kröten im Laufe ihrer Stammesgeschichte allmählich größer werden.

Die Rangordnung männlicher See-Elefanten richtet sich weitgehend nach deren Gewicht. Im Paarungsgebiet einer See-Elefantenpopulation kommen nur wenige hochrangige, also besonders schwere Männchen zur Begattung, und zwar mit dem weitaus größten Teil aller vorhandenen Weibchen. Damit ein Weibchen auch die Gewähr hat, sich tatsächlich mit dem schwersten und daher hochrangigsten Männchen zu paaren, schreit es bei allen Begattungsversuchen laut. Dadurch macht es andere Männchen aufmerksam, die daraufhin ein niederrangiges Tier sofort verdrängen würden. Die Weibchen stellen durch ihre Rufe bei den Kopulationsversuchen also sicher, daß sie auch tatsächlich den stärksten Bullen als Vater für ihre Kinder bekommen.

Als weiterer Test für die Qualität eines Männchens kann auch die *Ausdauer im rufenden Werben* gelten. Beim Königslaubfrosch beispielsweise fangen die stärksten Männchen als erste mit ihren Werbungsrufen an, und sie sind die letzten, die diese Rufreihen beenden. Für die wählenden Weibchen ergibt sich daraus der Hinweis auf besondere Stärke und die Fähigkeit, Zugang zu guten Energiequellen zu haben, die zu erstklassigen Konditionen verhelfen.

Eine Futterübergabe bei der Balz, über die wir im Abschnitt über »Hochzeitsgeschenke« (s. S. 107) berichten, führt einem umworbenen Weibchen verschiedene Sachverhalte vor Augen. Zunächst einmal scheint das Männchen mit einem Hochzeitsgeschenk zu »wissen«, wo solche Nahrung zu finden ist. Es beweist auch seine Geschicklichkeit, diese zu fangen und zu transportieren. Bei Arten, in denen elterliche Brutpflege betrieben wird, zeigt es überdies die Bereitschaft, nützliche Nahrung nicht selbst zu verwerten, sondern weiterzugeben und damit Artgenossen zu füttern – bei der Balz die Weibchen, bei der Jungenaufzucht die Nachkommen.

Wie viele Männchen stehen paarungswilligen Weibchen zur Verfügung?

Für die gezielte Partnerwahl, aber auch für den Konkurrenzkampf der Männchen untereinander ist es wichtig, ob alle Weibchen gleichzeitig oder zu verschiedenen Zeiten paarungsaktiv sind. Je mehr Weibchen gleichzeitig in Paarungsbereitschaft kommen, um so stärker nähert sich das Geschlechterverhältnis an typischen Paarungsplätzen dem Verhältnis von 1:1. Bei unseren einheimischen Grasfröschen beispielsweise ist es oft nur eine einzige Nacht, in der alle Weibchen paarungsbereit sind. Auf jedes von ihnen kommt in dieser kurzen Zeit dann aber auch ein Männchen. Gelangen – wie bei manchen sozial lebenden Säugetieren – die

Weibchen zu ganz unterschiedlichen Zeitpunkten in Paarungsbereitschaft, stehen jedem einzelnen von ihnen viel mehr begattungsbereite Männchen zur Verfügung. Für diese ein weit größerer Anlaß, sich gegenseitig rivalisierend auszustechen. Andererseits haben die Weibchen eine größere Chance, unter vielen Männchen auch den »richtigen« auszuwählen.

In Luv und Lee von Kuhfladen: Dungfliegen

Die Strategien bei der Paarung hängen von den zahlenmäßigen Verhältnissen zwischen paarungsbereiten Männchen und Weibchen ab, wie sie sich meist in Territorien einstellen, in denen sich die Arten zur Begattung einfinden. Es gibt aber auch Arten, die sich an nicht territorial markierten und verteidigten Plätzen sammeln. Bei Scatophaga stercoraria, einer Art der gelben Dungfliegen, führen frische, duftende Kuhfladen auf den Weiden begattungsbereite Tiere zusammen. Auf solchen Kuhfladen ist das Geschlechterverhältnis von Männchen zu Weibchen meist wie 4 bis 5:1. Das liegt daran, daß die Männchen sich dauernd dort aufhalten. Bei den Weibchen reifen die Eier in Schüben. Jedesmal, wenn genügend Eier zur Ablage verfügbar sind, begeben sich die Weibchen zu den Kuhfladen und lassen sich von dort lauernden männlichen Fliegen begatten. Danach verschwinden die Weibchen wieder so lange, bis der nächste Schub Eier legereif ist.
Die Männchen warten auf der Luvseite des Kuhfladens, also auf der Seite, von der der Wind kommt. Dort haben sie die größte Chance, die Weibchen zu treffen, denn diese fliegen, durch Gerüche vom Kuhfladen angelockt, über dessen Luvseite hinweg und lassen sich in Lee im Gras nieder. Dann gehen sie »zu Fuß« gegen den Wind zum Kuhfladen zurück.

1

3

1 Diesem Gackeltrappenhahn sieht man förmlich an, daß er lauthals nach einer Partnerin ruft. Wenn sie sein Signal hört und in Paarungsstimmung ist, wird sie antworten, und beide finden auf akustischem Wege zueinander.

2 Mit geblähtem Hals und aufgestelltem Schwanz stolziert der Hahn der Riesen- (oder Binden-) Trappe auffällig durch die Savanne. Mit diesem Eindruck will er, um eine Sexualpartnerin werbend, auf sich aufmerksam machen.

3 Das Männchen dieses Braunrückenelsterchens hat den Nestbau fast vollendet. Es hofft, eine Partnerin zu finden, die den Ausbau des gemeinsamen Heims mit ihm zusammen vollendet, um darin in enger Paarbildung Junge großzuziehen.

4

5

6

4 Diese Impala-Herde ist auf der Suche nach einem geeigneten Areal, in dem alles geboten wird: gute Weide, frisches Wasser, Schatten vor sengender Sonne, Schutz vor Raubtieren – und ein starker Bock. Die Weibchen ziehen so lange umher, bis ihre Wünsche befriedigt werden.

5 Man hält es nicht für möglich, daß beide Tiere der gleichen Art angehören, so ausgeprägt ist der Geschlechtsunterschied (Sexualdimorphismus). Der Tiefland-Nyalabock nimmt bereits gründlich ersten Sexualkontakt mit seinem Weibchen auf, das sich dadurch nicht beim Trinken stören läßt.

6 Die beiden Thomsongazellen sind nach Beschnüffeln, Paarungsmarsch und Laufschlag am Ziel ihrer Bemühungen eines aufwendigen Werbeverhaltens. Außer mit ihren Geschlechtsorganen berühren die beiden bei der Paarung einander nicht.

7

7 Die Begattung ist bei Löwen eine anstrengende Sache. Bis zu einer Woche, manchmal noch länger, kopulieren die beiden im Abstand von 20 bis 40 Minuten, nur selten gönnen sie sich eine Stunde Pause – am Ende wirkt das eigentlich lustbetonte Verhalten wie eine Pflichtübung.

8/9 Ein Elefantenbulle muß seinen riesigen ausgeschachteten Penis nach allen Richtungen bewegen können, denn die Öffnung zur weiblichen Scheide ist bei Elefanten nach vorne gerichtet: Wenn der Bulle von hinten aufreitet, muß er zwischen ihren Hinterbeinen hindurch den Penis von vorne einführen und dann s-förmig durch die Scheide hochschieben.

10 Mehrere Straußenhennen paaren sich mit einem Hahn. Beim Ausbrüten der Eier und beim Führen der Jungen – hier zum Trinken an ein kleines Flüßchen – sieht man, wer die Last der Jungenaufzucht hat: natürlich der Vater und die erste mit ihm verpaarte Henne. Die anderen Hennen haben ihre Pflicht mit dem Eierlegen beendet.

8

9

11

12

11/12 Die Begattung erfolgt bei den allermeisten Vögeln durch Aufeinanderpressen der männlichen und weiblichen Kloake. Der Straußenhahn zeigt, daß seine Art einen Penis für die Begattung entwickelt hat. Freilich kommt dieser aus der erwähnten Kloake, durch die gleichzeitig die Entsorgung der Endprodukte aus Darm- und Nierentätigkeit erfolgen muß.

13 Masturbation hat bei Affen – hier eine Grüne Meerkatze – durchaus eine biologische Funktion im Rahmen der Sexualität. Dadurch wird altes, für die nächste Begattung nicht mehr optimal befruchtungsfähiges Sperma entleert, und die Keimdrüsen werden zu neuer Produktion angeregt.

14 Das Werbeverhalten bei Grauhals-Kronenkranichen ist aufwendig und zeitraubend – aber auch bezaubernd schön. Stundenlang schlagen die farbenprächtigen Vögel mit ihren Flügeln und »tanzen« umeinander herum, bevor sie zur Paarung schreiten.

15 

15 Der Penis eines Spitzlippen-Nashorns ist ein beeindruckend großes Organ. Hier fordert der Bulle eine auserwählte Kuh durch dieses untrügliche Zeichen seiner sexuellen Erregung auf, mit ihm zu kopulieren.

16 Der Giraffenbulle prüft zunächst sorgfältig, ob diese Kuh zur Zeit begattungswillig und befruchtungsbereit ist. Dazu schnüffelt er an ihren Geschlechtorganen, läßt sich auch Urin über die Lippen laufen, um durch sogenannten Flehmen festzustellen, ob sich derzeit weiterer sexueller Einsatz für ihn lohnt.

17 Es ist der Sinn der Sexualität, das eigene Erbgut über möglichst viele Generationen weiterzugeben. Jungenfürsorge, bis die Nachkommen selbständig werden – hier von einer Flußpferdmutter sorgsam betrieben – ist eine sehr wichtige Maßnahme, dieses höchste Ziel der Sexualität zu realisieren.

18 Diese Zwergspinte praktizieren gegenseitiges Füttern. Schon bevor sie zur ersten sexuellen Handlung schreiten, prüfen diese Vögel, ob das Männchen auch in der Lage ist, sich durch Nahrungsübergabe erfolgreich an der Jungenaufzucht zu beteiligen.

16

17

Dort finden dann zunächst im Gras, später auf der Oberfläche des Kuhfladens die Paarungen statt. Natürlich gibt es durch die Ungleichheit der Geschlechterzahlen für die Männchen eine starke Konkurrenz. Sie versuchen, Rivalen während der Kopula von den Weibchen herunterzuschubsen. So paart sich ein Weibchen mit mehreren Männchen, und durch jede neue Begattung wird das Sperma des jeweilig letzten Partners durch das des neuen zur Paarung gelangenden verdrängt. Wer zuletzt kommt, den belohnt das Leben mit der größten Chance auf Nachwuchs.

Ganz ohne gewalttätige Aktionen gelingt das aber nicht immer, denn neu hinzukommende Männchen stören die bereits kopulierenden Rivalen. Wenn es den Neuankömmlingen gelingt, sich am Weibchen festzuhalten, versuchen sie, den bereits mit der Kopula beschäftigten Geschlechtsgenossen fortzudrängen. Passiert das auf der glitschigen Oberfläche eines Kuhfladens, kann das Weibchen durch solche Tumulte stark mit Dung verschmiert werden und sogar vorübergehend flugunfähig sein.

Das Beispiel der Dungfliegen zeigt nicht nur, daß Konkurrenz auch anders als durch körperliche Kämpfe zwischen werbenden Männchen ausgetragen werden kann, sondern ist zugleich auch ein Hinweis darauf, wie ein Männchen seine eigene Vaterschaft am günstigsten absichern kann.

Wie ein Handicap zum Vorteil wird

Eine erstaunliche Variante bei der Partnerwahl ist das sogenannte »Handicap-Prinzip«. Die Weibchen mancher Arten bevorzugen nämlich Männchen mit körperlichen Eigenschaften, die diese eigentlich behindern. Der Grund: Diese Weibchen »gehen davon aus«, daß ein Männchen besonders fit sein muß, wenn es sich trotz eines solchen Handicaps gegen andere, nicht derart stark behinderte Männchen durchsetzen kann. Pfauen mit einem besonders großen Schwanz beispielsweise müssen beim Fliegen ungewöhnlich viel Kraft aufwenden, um sich trotz dieser gewichtigen und unförmigen Last in die Luft erheben zu können. Pfauen mit kleineren Schwänzen scheinen sich einen schweren Schwanz nicht »leisten« zu können, weil sie damit nicht mehr fliegen könnten. Damit sind sie für die Weibchen eben doch nicht die besten Partner.

Schwere Geweihe bei Hirschen erleichtern diesen nicht gerade das tägliche Leben. Aber die Tatsache, kräftig genug zu sein, um stets etliche Kilo hinderlicher Stirnwaffen auf dem Kopf mit sich zu tragen, bringt ihnen die »Hochachtung« der Weibchen und damit die Chance, von ihnen als Partner erwählt zu werden. Außerdem zeichnet diese Tiere die besondere Fähigkeit aus, in kurzer Zeit große Mengen an Calcium für die Ausbildung des Geweihs in ihren Körper einarbeiten zu können. Mit so ausgewählten Männchen haben Weibchen natürlich eine gute Chance, wiederum attraktivere Söhne zu zeugen. Und die Töchter solcher Hirsche werden auch in ihre Knochen besonders schnell und viel Calcium einbauen, also ein ganz besonders starkes Skelett aufbauen.

Der Rückenkamm, den manche Molchmännchen in der Paarungszeit ausbilden und mit dem sie erfolgreich werben, ist in mancher Hinsicht ein Handicap, weil ein riesiger, schwerer Kamm das Schwimmverhalten beeinträchtigen kann. Zugleich ist er aber auch sehr nützlich, weil er die Oberfläche des Tieres stark vergrößert und damit unter Wasser die Sauerstoffaufnahme durch die Haut begünstigt. Molche mit riesigen Kämmen müssen deshalb nicht so oft atmen, können somit länger unter Wasser bleiben und ausgiebiger balzen als Molche mit kleineren Kämmen. Molchweibchen orientieren sich also nicht nur an dem tatsächlich vorhandenen Handicap, sondern auch an der damit verbundenen Fähigkeit, lange unter Wasser bleiben zu können. Wenn die Ausbildung eines großen Rückenkammes im Erbgut solcher Männchen angelegt ist, haben deren Partnerinnen große Vorteile, über solche Männchen ihr eigenes Erbgut in die nächsten Generationen zu bringen.

Größerer Fortpflanzungserfolg in günstigen Territorien

Die Weibchen des Rotschulterstärlings wählen Männchen, in deren Territorien ihnen die Vegetation besonders gute Verstecke vor Nesträubern bietet.
Amerikanische Ochsenfrösche, deren Territorien keinen besonderen Temperaturschwankungen des Wassers ausgesetzt sind, haben einen hohen Stellenwert. Sie führen zu weniger temperaturbedingten Entwicklungsmißbildungen bei den Nachkommen und zeigen eine viel geringere Dichte von Blutegeln, die den Embryonen der Frösche nachstellen. Weibchen, die sich mit Ochsenfröschen solcher »günstigen« Territorien paaren, haben also einen größeren Fortpflanzungserfolg.

Was ist ein Lek?

Die kleinsten Territorien haben den typischen Charakter einer sogenannten »Lek-Arena«. Als Lek – das Wort kommt aus dem Schwedischen und bedeutet »Spielplatz« – bezeichnet man einen kleinen Platz, der von den Männchen in winzige Territorien aufgeteilt ist. Diese werden gegen Artgenossen verteidigt. Paarungswillige Weibchen können dort – trotz der geringen Fläche ohne Störungen durch die Nachbarn – begattet werden. Nur wenige Quadratzentimeter genügen beispielsweise so manchen Fröschen und Pipras – das sind knapp sperlingsgroße sogenannte Schnurrvögel in Mittel- und Südamerika –, um die Lekbesitzer für die Weibchen attraktiv zu machen. Auch Birkhähne und sogar Grasantilopen haben oft nur wenige Meter große Lekterritorien.

Weibchen entscheiden nicht nur für sich

Weibchen verfolgen beim Werbeverhalten eine grundsätzlich andere Strategie als Männchen. Bei den meisten Tierarten produzieren sie im Laufe des ganzen Lebens nur eine sehr begrenzte Anzahl von Eizellen. Von denen steht auch immer nur periodisch ein bestimmter Anteil – bei vielen Tieren sogar nur eine einzige – zur Verfügung. Weibchen müssen sich deshalb genau »überlegen«, welches Männchen die wenigen Eizellen befruchten darf. Wie ein Richter bei der Entscheidungsfindung müssen sie bei den werbenden Männchen verschiedene Indizien bewerten.
Weibchen tun gut daran, solche Männchen zu wählen, die das Erbgut für all jene Eigenschaften besitzen, die voraussichtlich *auch in folgenden Generationen* von *allen* Weibchen bevorzugt werden. Die Söhne, die diese väterlichen Eigenschaften erben, werden also ebenfalls die besten Chancen bei den Weibchen haben. Auf diese Weise setzt sich das Erbgut jener Mütter und Großmütter besonders durch, die ihrerseits die »richtigen« Männchen als Sexualpartner gewählt haben.

»Hochzeitsgeschenk« vor der Paarung

Männliche Werbung erleichtert den Weibchen die Wahl ihrer Partner. Werbung hat aber auch noch andere Funktionen. Sie erleichtert oder ermöglicht den unmittelbaren Zugang zur Kopulation. Am deutlichsten wird das, wenn man statt des romantisch klingenden Wortes »Hochzeitsgeschenk« den viel nüchterneren Ausdruck »Paarungsköder« wählt. Bei vielen Arten gilt dieser gewissermaßen als unverzichtbare Eintrittskarte zur Veranstaltung der Paarung. Bei solchen Ködern muß es sich nun keineswegs immer um Nahrungsmittel oder andere symbolisch übergebene Gegenstände handeln. Es können auch typische Bewegungsabläufe sein, Mimik oder Körperhaltungen, Lautäußerungen oder bestimmte Gerüche. Löwen würden nie eine Paarung beginnen, wenn der Partner ein aggressives oder defensives Drohgesicht macht, wenn er mit der Pranke schlägt oder wenn er faucht. Ein Affenmännchen kommt erst zur Sache, wenn das begehrte Weibchen ihm dies auch ausdrücklich durch eine entsprechende Körperhaltung »erlaubt«, und ein Heuschreckenmännchen wartet so lange, bis das Weibchen durch leise Töne seine Zustimmung gibt.

Ob es nun bloß um die Erlaubnis geht, sich in sexueller Absicht dem Partner weiter als bisher zu nähern, oder um die eigentliche Kopulation, ist nicht immer genau auszumachen. Viele Antilopen und Hornträger machen unmittelbar vor dem Aufreiten den sogenannten »Laufschlag«. Dazu heben sie einen Vorderlauf bis fast in die Waagerechte und bringen ihn zwischen die Hinterbeine des Weibchens oder unmittelbar seitlich an diesen vorbei. Ohne diesen Laufschlag läuft bei bestimmten Antilopenarten nichts. Er ist möglicherweise bereits Bestandteil der Paarung und nicht mehr dem Inventar der Werbung zuzurechnen. Dasselbe gilt für das Beriechen der Genitalien bei vielen Tierarten – von den Giraffen bis zum Molch. Bei manchen Tierarten müssen die Männchen auch unmittelbar vor der Begattung die Weibchen in bestimmter Weise und an bestimmten Körperteilen berühren, etwa den Kopf auf die Kruppe legen oder ihre Geschlechtsorgane belecken. Die Übergänge zwischen Werbung und Paarung können sehr fließend und manchmal gar nicht zu unterscheiden sein. So kann man von dem sogenannten »Spermamelken« bei manchen Maulbrütern nicht sagen, ob es noch zur Werbung oder schon zur Paarung gehört. Bei diesen zu den Tilapien gehörenden Fischen nimmt das Weibchen seine frisch gelegten, noch nicht befruchteten Eier ins Maul. Einem Männchen, das in unmittelbarer Nähe sein muß, wird von ihr mit den Lippen das Sperma von der Geschlechtspapille abgenommen, eben »gemolken«. Beim Zwergmaulbrüter hat das Männchen an seiner Afterflosse Flecken ausgebildet, die wie Eier aussehen und bei sexueller Erregung besonders deutlich vorgezeigt werden. Das Weibchen mißdeutet diese als seine eigenen unbefruchteten Eier und »will« sie sofort ins Maul nehmen. Bei der Berührung ergießt das Männchen sofort eine Wolke von Samen ins Wasser, der auch ins Maul des Weibchens gerät und dort deren Eier befruchtet. Auch hier bleibt die Frage: Sind diese Eierflecke auf der Afterflosse des Zwergmaulbrütermännchens nun in den Dienst der Werbung gestellt, weil das Weibchen die Nähe von Männchen aufsucht, die solche Flecken auf der Afterflosse tragen? Oder hat das Ganze überhaupt nichts mehr mit Werbung zu tun und ist schon Bestandteil der Befruchtung?

Stets nach dem gleichen Strickmuster

Werbeverhalten ist ritualisiert und bis in alle Einzelheiten programmiert. Nur das ganz starre Festhalten an dem arteigenen unflexiblen Ablauf aller Einzelheiten der Werbung identifiziert die Partner als Mitglieder der gleichen Art. Bereits kleine Abweichungen machen den jeweiligen Partner skeptisch. Beide Geschlechter erwarten von ihren Partnern, daß alle Handlungen in der artgemäß »vorgeschriebenen« Art und Weise, zum richtigen Zeitpunkt und mit einer bestimmten Intensität ablaufen. Wenn das Werbeverhalten eines Tieres zufällig oder absichtlich gestört wird, kann es später nicht dort weiterlaufen, wo es unterbrochen worden ist. Die Erwartungen des Partners sind angeboren oder durch frühkindliche Prägung erworben.

Auf dem Markusplatz in Venedig balzt ein Täuberich gurrend und trippelnd um seine Auserwählte. Fast sind die beiden sich einig. Da kommt ein Tourist mit einer Pocketkamera, um das Schauspiel zu fotografieren. Ungeachtet des Vogelkots kniet er sich zwecks besserer Perspektive nieder. Den sexuell eingestimmten Tauben ist das zuviel, und sie fliegen fünf Meter weiter. Ein paar Sekunden nur, aber für den Täuberich beginnt die ganze Mühe der Balz nun wieder von vorn.

Wir sahen einmal in Malawi einen Nyalabock – das ist eine Antilopenart im südlichen Afrika –, der nach einem langen Werbungszeremoniell mit Kopfauflegen, Beriechen des Weibchens, Drohen nach einem Artgenossen kurz davor war aufzureiten. Da flog ein Schlangenadler aus einem der Bäume am Wasserloch. Das veranlaßte einen Flock Perlhühner zu heller Flucht, und die wiederum erschreckten die Nyalaantilopen. Schon nach einer Sekunde war den Antilopen die Harmlosigkeit dieser Störung bewußt. Trotzdem mußten sie

mit dem Werbungsritual, das hier wirklich unmittelbare Paarungsvorbereitung war, von vorn anfangen.
Verwandte Arten sind sich in vielen Elementen ihres Werbungsverhaltens ähnlich. Manche Einzelheiten können die Mitglieder verschiedener Arten sogar richtig »verstehen«. Sobald aber ein Partner auch nur einen Schritt in seinem Werbeverhalten nicht mehr artgemäß vollzieht, wird der Vorgang abgebrochen, ähnlich wie bei einer Störung von außen. Solche »ethologischen Isolationsbarrieren« kommen in freier Natur nur sehr selten vor, in Gefangenschaft dagegen werden sie gelegentlich beobachtet. Allerdings ist auch das entgegengesetzte Verhalten zu beachten. Ohne Artgenossen gehaltene Einzeltiere stehen unter erhöhter sexueller Spannung, so daß ihre sexuellen Verhaltensweisen nicht immer ganz artgemäß ablaufen müssen. Sie können dann notfalls »darüber hinwegsehen«, daß ein Sexualpartner aus einer falschen Art sich anders verhält als ein Artgenosse. Das führt dann zu Bastardierungen.

Als Verlobte grüßen . . .

Bei uns Menschen haben Verlobungen in vielen, sich für fortschrittlich haltenden Kulturen nur noch symbolischen Charakter. Für manche Tierarten sind sie jedoch unentbehrlich. Bekannt ist eine Verlobung bei Singvögeln, z. B. bei Gimpeln. Eine ganz besondere Variante hat diese Bindung bei den Stockenten: Sie »verloben« sich im Herbst und bleiben den ganzen Winter paarweise beieinander. Kurz bevor sie aber zur Fortpflanzung schreiten, »entloben« sie sich. Von nun an machen sich die Erpel »einen fröhlichen Sommer« mit vielen Partnerinnen, mit denen sie sich paaren, an die sie sich aber nicht gebunden fühlen. Andere Entenarten dagegen – wie etwa Witwenenten in Afrika – leben in Dauerehe. Albatrosse ziehen vier Jahre lang miteinander verpaart auf ihren weiten Flügen über das Meer. Sie bleiben einander in dieser Zeit fest verbunden und pflanzen sich dann erst fort.

Ein berühmtes Beispiel für Verlobung liefern die Dohlen. Sie bleiben bereits vor der Geschlechtsreife zusammen, wie das der Nobelpreisträger und Verhaltensforscher Konrad Lorenz eindrucksvoll beschrieb. Während der Verlobungszeit gewöhnen sich die Partner aneinander und strukturieren bereits ihr Zusammenleben so, wie es später für sie und ihren Nachwuchs günstig ist. Sie nehmen Zärtlichkeiten vorweg, mit denen sie später ihre Paarbindung festigen und aufrechterhalten. Viele Einzelheiten dieses Verhaltens sind ihnen noch aus der Nestlingszeit geläufig. Aus Füttern und Gefüttertwerden hat sich das Schnäbeln entwickelt. Körperberührungen kennen die Partner noch vom Hudern, wie man das Wärmen der Jungvögel nennt, wenn die Eltern die Kleinen mit Bauch- oder Brustgefieder wärmen oder unter die Flügel nehmen. Wechselseitiges Gefiederkraulen unter Partnern ist aus früherer elterlicher Körperpflege entstanden.

Verlobte lernen auch, wie gut sie sich später aufeinander verlassen können und wie zuverlässig wohl die Jungen betreut werden. Der Ablauf der meisten wichtigen Verhaltensweisen ist angeboren, dennoch müssen diese Verhaltensweisen bis zu ihrer endgültigen Reifung eingeübt werden. Mitglieder mancher Tierarten, bei denen »Verlobungen« artgemäß üblich sind, trainieren als Verlobte die Abläufe der Begattung, ehe sie Nachwuchs zeugen.

Helfer dürfen schon mal üben

Bei ein paar Dutzend Vogelarten, die in verschiedenen Teilen der Erde leben und zu ganz unterschiedlichen Vogelordnungen oder -familien gehören, gibt es sogenannte »Helfer am Nest«. Das sind Individuen, die in der jeweiligen Saison des Helfens auf eigene Fortpflanzung verzichten. Häufig handelt es sich dabei um Geschwister aus dem vorigen Wurf, z. B. beim Blaubuschhäher, der in Florida und den angrenzenden Gebieten lebt, bei bestimmten Bussardarten, Droßlingen und Stärlingen, aber auch bei Segler- und Eisvogelarten.

Bei dem in Ostafrika recht häufigen Weißstirnspint sind Helfer so stark verbreitet, daß sich ungefähr die Hälfte aller geschlechtsreifen Vögel noch nicht selbst fortpflanzt. Dennoch »dürfen« männliche Helfer das brütende Weibchen gelegentlich begatten. Das ist allerdings eine pseudosexuelle Handlung, die viel mehr der sozialen Bindung des Helfers an seine »Arbeitgeber« dient. Dennoch gehört es zu unserem Thema, denn die Helfer können die Begattung schon »üben«, um sie in der nächsten Brutperiode dann selbst perfekt zu beherrschen. Damit wird die Hilfsbereitschaft nicht nur belohnt, sondern die »großzügige Geste« dient auch dem Training des geordneten Sexualverhaltens.

Dies gilt vor allen Dingen für jene Helfer, die nicht mit den Vögeln verwandt sind, denen sie Aufsichthilfe leisten. Bei direkter Verwandtschaft – wie erwähnt, handelt es sich dabei meist um jüngere Geschwister der Nestlinge – haben diese ja einen unmittelbaren Nutzen, weil sie ihr eigenes Erbgut pflegen, das sie mit ihren Verwandten teilen. Für solche verwandten Helfer entfallen daher »Belohnungen« durch die Gewährung einer Begattung mit dem brütenden Weibchen.

In solchen Fällen trägt das Helfen seinen Lohn in der Begünstigung des eigenen Erbgutes. Darüber hinaus werden auch verwandte Helfer bei ihren Hilfsarbeiten Erfahrungen sammeln, die ihnen später bei der Aufzucht der eigenen Brut zustatten kommen.

5. Typisch männlich, typisch weiblich

Der Sexualdimorphismus und seine Folgen

Um manche Besonderheiten zu verstehen, mit der sexuelle Praktiken bei den verschiedenen Tierarten ablaufen, muß man die Unterschiede zwischen den Geschlechtern kennen. Sie reichen von erheblichen Größenunterschieden über unvermutete Unterschiede in Körperform und -farbe, über Lautäußerungen bis hin zur Produktion von Milch bei weiblichen Säugetieren und Duftstoffen bei Tierarten aller Klassen. Daraus resultieren sehr unterschiedliche geschlechtsspezifische Verhaltensweisen, z. B. im Kampf- und Sozialverhalten, bei Nahrungsaufnahme, Feindvermeidung, Warnverhalten und natürlich besonders im sexuellen Bereich.
Fraglos ist der größte Geschlechtsunterschied in der Ausbildung der Keimzellen zu sehen. Die Geschlechter bei Arten, bei denen es keine Aufgabenteilung gibt, sehen einander häufig recht ähnlich. Das gilt z. B. für Quallen, viele Seesterne, Insekten wie manche Fliegen und manche Schlangenarten, aber auch für Säugetiere wie z. B. Eichhörnchen oder Fledermausarten. Die Geschlechtsunterschiede sind bei diesen Arten unseren menschlichen Sinnesorganen nicht ohne weiteres zugänglich. Bei Arten, in denen Männchen und Weibchen unterschiedliche Aufgaben erfüllen, sind die Geschlechtsunterschiede oft viel größer. Der Boß einer Gorillafamilie mit seinem Silberrücken und seiner Massigkeit hat in seinem Trupp mit Verteidigung und Aufrechterhaltung des

sozialen Friedens andere Aufgaben zu erfüllen als seine Weiber mit ihren Kindern. Vogelweibchen von Bodenbrütern können sich aus Gründen der Tarnung während der Jungenbetreuung keine auffälligen Farben leisten im Gegensatz zu ihren Männchen, die durch ihre Farbenpracht ihr Territorium verteidigen. Dennoch besteht die wichtigste Funktion des Geschlechtsdimorphismus im Bereich der Rivalität der Männchen zu Recht und ist somit für die Sexualität im Tierreich von größter Bedeutung.
Die sinnfälligsten Zeichen für die Erkennung des Geschlechts sind zweifellos die primären und sekundären Geschlechtsmerkmale.

Nicht nur für die Fortpflanzung wichtig: primäre Geschlechtsorgane

Selbst bei nahe verwandten Arten sind die Geschlechtsorgane unterschiedlich gebaut, und sie werden auch in unterschiedlicher Weise benutzt. Die zur Begattung und Befruchtung unmittelbar eingesetzten Organe nennt man primäre Geschlechtsorgane. Das sind die unterschiedlich gebauten weiblichen Geschlechtsöffnungen sowie beim männlichen Geschlecht Penis und Hoden bzw. deren Entsprechungen wie z. B. Gonopodien, Pedipalpen und Petasmen (vgl. S. 89 ff.).
Allerdings dienen primäre Geschlechtsorgane nicht nur der Fortpflanzung. Manche Affenarten, z. B. Meerkatzen und Paviane, benutzen den Penis als Drohsignal gegen Feinde. Weibchen zeigen ihre Geschlechtsorgane den Artgenossen, die sie beschwichtigen wollen.
Penis und Klitoris spielen im sozialen Zusammenleben der Tüpfelhyänen eine sehr wichtige Rolle, weit jenseits jeden

Sexualverhaltens. So läuft beispielsweise bei jeder Begrüßung zwischen zwei oder mehreren Tüpfelhyänen ein Begrüßungszeremoniell ab, das auf den unkundigen Beobachter wie irgendeine Form von Sexualverhalten wirkt, weil die sich begrüßenden Tiere Klitoris oder Penis zu bemerkenswerter Größe erigieren lassen. Sie heben dann das dem anderen Tier zugewandte Hinterbein, damit Penis oder Klitoris ohne Schwierigkeiten vom anderen Tier ausgiebig beleckt und beschnüffelt werden können. Das rangniedere oder jüngere Tier leitet dieses Ritual ein. Selbst ganz junge, noch schwarzgefärbte, tapsige Jungtiere beherrschen dieses Verhalten.
Auch bei Streitigkeiten wirkt die Darbietung der Geschlechtsorgane in voller Erektion als Beschwichtigung. Im Verhältnis zu ihrer Körpergröße besitzen Tüpfelhyänen geradezu riesige Geschlechtsorgane. Penis und Klitoris lassen sich selbst vom Fachmann kaum durch den bloßen Anblick im Feld unterscheiden. Weibchen wie Männchen können – weit diesseits des Sexualverhaltens – diese Organe aktiv zur Erektion bringen. Im übrigen ähneln sich Skrotum und Schamlippen in ihrer äußeren Gestalt so stark, daß wir Menschen die Geschlechter daran nicht unterscheiden können. Die Tüpfelhyänen selbst »wissen« jedoch, ob sie Männchen oder Weibchen sind.

Größter Erfolg mit schönstem Gefieder: sekundäre Geschlechtsmerkmale

Große Unterschiede zwischen Männchen und Weibchen bestehen jedoch meist in Kennzeichen, die als sekundäre Geschlechtsmerkmale bezeichnet werden. Das sind z. B. in einem Geschlecht vorhandene Stirnwaffen, Behaarungsty-

pen wie Bärte, Mähnen, besondere Federformen, Spornbildungen an den Beinen oder Flügeln, Milchdrüsen, Stimmlagen, Gerüche, um nur einige zu nennen.
Die Unterschiede bei den sekundären Geschlechtsmerkmalen der einzelnen Arten stehen in sehr enger Beziehung zur Fortpflanzung.
Bei stark ausgeprägtem Geschlechtsdimorphismus sind es fast immer die weiblichen Tiere, die eine Partnerwahl vornehmen. Sie können an den besonders ausgeprägten, auffälligen sekundären Geschlechtsmerkmalen der Männchen geradezu eine Auswahl über deren Qualitäten treffen. Die größten, die buntesten, die mit den mächtigsten Hörnern, gewaltigsten Mähnen oder am stärksten verlängerten Schwanzfedern werden oft als Partner bevorzugt ausgewählt.
Sekundäre Geschlechtsmerkmale werden oft im Rangordnungsstreben eingesetzt. Eine besonders riesige Rückenflosse eines unter Aquarianern gut bekannten Segelkärpflings, ein riesiges Rad, das ein Pfau schlägt, oder die mächtige Mähne eines Mantelpavians sind sehr gut geeignet, einen Artgenossen von einem Kampf abzuhalten, da sie bereits als Drohsignale eine Vorentscheidung ahnen lassen.
Noch eine andere wichtige Funktion erfüllen die auffälligen sekundären Geschlechtsmerkmale der Männchen. Sie sind von Art zu Art sehr deutlich unterschiedlich ausgeprägt, während sich die Weibchen verwandter Arten äußerlich oft kaum voneinander unterscheiden. Diese sind beispielsweise bei Nektarvögeln in Afrika unscheinbar graubraun gefärbt. Zu welcher Art sie gehören, können wir Menschen nur an den prachtvoll in allen möglichen Farben schillernden Federkleidern ihrer Männchen erkennen. Die Größe eines roten Federbüschels auf der Brust z. B. unterscheidet die Männchen mehrerer ähnlicher Nektarvogel-Arten voneinander; bei anderen ist es die Länge ihrer mittleren Steuerfedern am Schwanz.

So, wie die Prachtkleider der Männchen den Weibchen die Partnerwahl erleichtern, ist ein schlichtes, unscheinbares Gefieder als sekundäres Geschlechtsmerkmal für das weibliche Geschlecht sehr nützlich als Tarnung beim Brüten auf dem Nest. Schmucklose Schmetterlingsweibchen sind bei der Eiablage, während der sie nicht fliehen können, weniger gefährdet, von Freßfeinden geschnappt zu werden, als wenn sie mit schillernden Farben hungrige Vögel auf sich aufmerksam machen würden.

Was Machos enttäuscht

Lange Zeit hat man geglaubt – und viele eingefleischte Machos glauben es auch noch heute –, die »herr«liche Schönheit des männlichen Geschlechts beruhe ausschließlich auf einem hohen Gehalt an Sexualhormonen: »Männer sind halt schöner!« Und man fügt provozierend eitel hinzu: »zumindest im Tierreich«.

Natürlich gibt es Fälle, in denen die männlichen Sexualhormone tatsächlich für die Ausbildung farbenfroher Schönheit und besonders ästhetischer Formen zuständig sind.

Wenn man Fasanen oder Enten, die sich in unseren Breiten ja durch besondere Farbenprächtigkeit von ihren unscheinbaren Weibchen unterscheiden, durch Kastration die männlichen Sexualhormone entzieht, bekommen sie keineswegs ein unscheinbares Federkleid. Umgekehrt bewirkt bei diesen Arten die Kastration der Weibchen, daß diese nun männliches Prachtgefieder anlegen – bei Fasanen mit geschwungenen Schwanzfedern und bei Stockenten selbst mit den typisch gekrümmten Erpelfedern. Dennoch hat die Gefiederfarbe etwas mit den Sexualhormonen zu tun. Bei den weiblichen

Vögeln unterdrücken sie die Ausbildung des Prachtgefieders und führen zur Ausprägung des für die Jungenaufzucht so wichtigen Schlichtkleides.
Es ist müßig, an Beispielen aus der Tierwelt feministische oder chauvinistische Standpunkte gegeneinander auszuspielen. Wichtig ist die Tatsache, daß bei vielen Arten ein Geschlechtsdimorphismus besteht, zu dessen bedeutsamen Funktionen u. a. gehört, daß aus der Sicht der betreffenden Art die jeweilig »besten« Partner zueinanderfinden. Je deutlicher ein Geschlechtsunterschied der Männchen ausgeprägt ist, desto mehr »Verantwortung« lastet auf dem Weibchen, auf Grund der Ausprägung der sekundären Geschlechtsmerkmale die richtige Wahl zu treffen. Was hier an bunten Vögeln geschildert wurde, gilt in dieser Hinsicht auch für Säugetiere, andere Wirbeltiere, Glieder-, Weich- und viele sogenannte niedere Tiere.

Nicht immer sind die Männchen größer

Bei einigen Tierarten und ganzen -gruppen bestehen so außerordentliche Größenunterschiede der Geschlechter, daß man glauben könnte, beide gehörten nicht derselben Art an. Unter den Säugetieren sind fast immer die Männchen etwas größer oder massiger. Dieses meist mit Kraft und Rang verbundene Aussehen stellt für die Weibchen ein wichtiges Auswahlkriterium dar. Anders bei den in Einehe lebenden Arten. Bei ihnen sind die Geschlechtspartner meist gleich groß, und es gibt fast immer wenig Arbeitsteilung, eher gegenseitige Unterstützung bei den notwendigen Tätigkeiten zur Versorgung des gemeinsamen Nachwuchses. Die Weibchen müssen sich nicht immer neue Männchen suchen. Wegen der Lebensweise dieser monogamen Arten haben sie auch keine allzu große Auswahl zu treffen. Nur bei Arten mit Vielweiberei (Polygynie) bieten sich viele Partner an, um einem in Paarungsstimmung befindlichen Weibchen mit mehr oder weniger großem Aufwand an Balzverhalten ihre männliche Vortrefflichkeit zu demonstrieren.

Bei einzelnen Säugetierarten sind die Weibchen größer als die Männchen. Das trifft z. B. für Bartenwale und für Tüpfelhyänen zu. Bei ihnen sind die Weibchen auch häufig – allein wegen ihrer größeren Kräfte – gegenüber den Männchen in der Rangordnung höher gestellt.

Die kleinen Männchen einiger Spinnenarten haben nur ein Tausendstel des Gewichtes ihrer Weibchen. Bei solchen Arten hat die unterschiedliche Größe nicht bloß erheblichen Einfluß auf das Sexualverhalten, sondern oft noch eine zusätzlich wirksame Funktion: So muß beispielsweise das Spinnen-Männchen einfach flinker sein, um nicht als Beute von seiner auserwählten Partnerin gefressen zu werden (mehr darüber auf S. 118 ff.).

Die Beziehung zwischen Körpergröße und Verhaltensweisen wird bei manchen Vogelarten sehr deutlich. Bei den Greifvögeln sind sehr häufig die Weibchen größer und kräftiger als die Männchen. Sperberweibchen werden beispielsweise doppelt so groß wie ihre Männchen. Bei Paradiesvögeln dagegen oder einigen Hühnervogelarten – wie unseren europäischen Rauhfußhühnern, zu denen Birk- und Auerhahn gehören – sind die Männchen größer. Bei diesen Arten herrscht das Haremsprinzip. Der in vieler Hinsicht lehrreiche Hühnerhof unserer Haushühner zeigt einen großen, massigen Hahn als Beherrscher eines Harems kleinerer Hennen. Das Balzgebaren bei diesen Vogelarten mit Haremsstrukturen ist dementsprechend auffällig.

Bei den vielen Kleinvögeln, die in Einehe leben, ist kein Größenunterschied zwischen den Geschlechtern festzustellen.

Die Partnerwahl seitens der Weibchen erfolgt bei solchen Arten deshalb auch nicht nach der Größe, und die Männchen rivalisieren nicht durch Kampf, sondern durch ihre Farbigkeit oder durch ihre Gesänge.
Vielfach hängt die Größe des Weibchens mit der Zahl der gleichzeitig zu produzierenden Nachkommen zusammen. Bei den nahe miteinander verwandten Reptilien (Kriechtieren) und Amphibien (Lurchen) läßt sich das gut erklären. Weibliche Kröten oder weibliche Frösche sind fast immer größer als die Männchen ihrer Art. Der Grund: Die Weibchen sind oft vollgestopft mit großen Mengen von Eiern, die gleichzeitig reifen und schlagartig zur selben Zeit abgelegt werden müssen. Jedes einzelne Ei besitzt außerdem noch einen beträchtlichen Dottervorrat und ist schon deshalb groß. Ähnlich ist es übrigens auch bei manchen Spinnen, die ganz beträchtliche Mengen an Eiern mit sich herumtragen. Demgegenüber reifen bei Reptilien wesentlich weniger Eier heran.

»Das Hochzeitskleid will gesehen werden«

Bei vielen Tierarten gibt es einen Rollentausch der geschlechtsspezifischen Aufgaben. Bei den Vögeln sind die Wassertreter und die Goldschnepfen auffällig, weil bei ihnen die Weibchen ein Prachtgefieder tragen, während die Männchen völlig unscheinbar aussehen. Auch in der Familie der Seenadeln, zu denen die bekannten Seepferdchenarten gehören, tragen die Männchen das unauffällige Schlichtkleid, während die weiblichen Tiere prächtiger gefärbt sind. Sowohl bei Wassertretern und Goldschnepfen als auch beim Seepferdchen ist mit der Umkehrung der Ausprägung der sekundären Geschlechtsmerkmale auch ein Rollentausch in der Brutpflege eingetreten. Hier sind es die Männchen, die sich um den Nachwuchs kümmern. Das zeigt wiederum, wenn auch diesmal mit umgekehrten Vorzeichen, daß die Formen- und Farbenprächtigkeit eines Tieres darauf abzielt, sich von einem Partner wählen zu lassen, während das Schlichtkleid eine Anpassung an die Aufgabe der Jungenaufzucht darstellt.

Die Prachtkleider bei Vögeln, Amphibien oder Reptilien können das ganze Jahr über bestehen oder saisonal auftreten. Sie stellen in jedem Fall einen optischen Reiz für das andere, nicht so auffällig gefärbte Geschlecht dar. Der Mainzer Biologe von Buddenbrock hat einmal gesagt, »das Hochzeitskleid will gesehen werden«. Diese – zunächst wie eine Binsenweisheit erscheinende – Überlegung, daß Geschlechtspartner durch optische Besonderheiten aufmerksam und womöglich paarungswillig gemacht werden sollen, läßt sich durch ein einfaches Beispiel bestätigen: Fische, die sich in der Tiefsee oder während der Nacht paaren, legen kein Hochzeitskleid an. Ihre Partner würden es ja ohnehin nicht sehen. Unter solchen Fischen, deren Paarung am Tage und im flachen Wasser abläuft, findet man dagegen die allerbuntesten Arten.

6. Der Mensch – das Maß aller Dinge?

Die vielen Varianten der Paarung im Tierreich

Für die meisten Menschen ist die eigentliche Begattung der Inbegriff der Sexualität. Ihre eigenen Erfahrungen übertragen sie kurzerhand auch auf die Tierwelt – immer in der Vorstellung, der Mensch sei – ungeachtet aller naturwissenschaftlichen Erkenntnisse – unverändert das Maß aller Dinge.

Nach einem weitverbreiteten Klischee muß in den Augen der meisten Menschen eine »richtige« Begattung – wenn man sie denn so allgemein bezeichnen will – zumindest ein Grundschema immer wieder erkennen lassen: Es muß zunächst ein Männchen mit einem Penis vorhanden sein. Je näher dieses Organ die Spermien an die Eizelle bringen kann, desto besser. Ein langer Penis bietet in dieser Hinsicht offenkundig Vorteile, kann allerdings im täglichen Leben auch manchmal recht hinderlich sein.

Er kann – etwa bei Elefanten – durch dornige Vegetation zerkratzt werden, wird aber nur bei sexueller und anderer Erregung »ausgeschachtet«, wie man den Vorgang der Erektion bei Elefanten und einigen anderen Säugetieren nennt. Bei Wassertieren – etwa bei Walen – würde deren großer Penis den Wasserwiderstand beim Schwimmen erhöhen, wenn diese riesigen Meeressäuger ihn in »Ruhestellung« nicht im Bauchraum unterbringen würden. Ebenso machen es auch Fledermausarten, um beim Fliegen den Luftwiderstand zu vermindern.

Wenn der Penis nicht ganz zu verbergen ist, muß er nach unseren Klischeevorstellungen wenigstens klein und nur bei Bedarf zur Erektion fähig sein, die durch Blutansammlung in besonderen Schwellkörpern zustande kommt. Dieses Prinzip hat sich bei Säugetieren bewährt. Sie können so den – durch die Erektion versteiften – Penis ohne Abbiegung oder Knickung so nahe wie möglich an die Eizelle heranbringen. Da ein Penis in erigiertem Zustand auch zur Drohung und zum Imponieren benutzt wird, ist es durchaus nützlich, daß dieses Organ nur bei sexueller Erregung zu voller Größe anschwillt, in der übrigen Zeit aber auf Ruhestellung oder -größe schrumpfen kann. Ein anderer Weg, die Versteifung des Penis zu gewährleisten, bieten Penisknochen, über die viele Säuger wie manche Beuteltiere, Insektenfresser, Fledermäuse, aber auch Halbaffen und Affenarten verfügen. In nicht erigiertem Zustand des Penis sind diese ebenfalls im Bauchraum verborgen.

Sodann bedarf es nach den Vorstellungen der meisten Menschen eines Weibchens mit Geschlechtsorganen, in die der versteifte Penis eingeführt werden kann. Rhythmische Reibung (Friktionen) löst eine Ejakulation von Sperma aus, das möglichst tief in das weibliche Geschlechtsorgan gelangt.

Natürlich erwartet der Laie, daß das Sperma aus paarig angelegten Hoden stammt, die in einem Skrotum außerhalb der Leibeshöhle aufbewahrt werden. Entwicklungsgeschichtlich ist das Skrotum entstanden, um den Hoden Luftkühlung zu geben. Bei Temperaturen, die niedriger sind als die im Körperinneren, wird die Spermaproduktion gesteigert. Viele Tiere, so z. B. die Hirschartigen, verlegen in der Brunftzeit ihre Hoden nach außen in das Skrotum, das übrige Jahr hindurch bleiben sie, besser geschützt, im Bauchraum, wenn auch auf Kosten einer geringeren Spermaproduktion. Junge Männchen der Grünen Meerkatze können bei Kämpfen mit erwachsenen Artgenossen ihre Hoden zeitweise in den Leistenkanal – eine offene Verbindung vom Inneren des Skrotums zur Bauchhöhle – hochziehen. Sie nehmen durch die fehlende Kühlung in Kauf, zunächst weniger fruchtbar zu sein, können dafür aber später im voll erwachsenen Mannesalter in den unverletzt gebliebenen Hoden viel Sperma produzieren. Spermien, die bei höherer Temperatur produziert werden, zeigen zudem einen höheren Prozentsatz an krankhaften Abweichungen.

Deshalb wird diskutiert, daß unsere Kleidung, insbesondere die Hose, nicht gerade zu jenen Erfindungen gehört, die eine gesunde Fortpflanzung begünstigen.

Auch die Eizelle muß nach Laienmeinung aus einem der doppelt angelegten Eierstöcke kommen, in denen sie aus einem kleinen Vorrat von Vorstufen herangereift ist und zu einem bestimmten Zeitpunkt – nach dem sogenannten Eisprung – befruchtet werden kann.

Diese Standardvorstellung von Begattung wird ergänzt durch die vereinzelten Beobachtungen, die wir in den wenigen zugänglichen Bezirken unserer arg geschundenen »Restnatur« meist zufällig auf einem Spaziergang oder vom Auto aus beobachten. Aber machen es die vielen unbeaufsichtigten Rüden mit der läufigen Hündin des Nachbarn schließlich nicht auch so? Eine entfernte Ähnlichkeit ist sogar noch bei den Vorgängen festzustellen, die uns Haussperlinge auf dem gepflasterten Fußweg unserer Städte demonstrieren. Doch schon bei ihnen erhebt sich die Frage: Haben die überhaupt einen Penis? Und Hoden? Vielleicht können noch die wenigen Fliegen und anderen Insekten, die den großzügig eingesetzten Insektiziden in unseren Häusern entgangen sind, notfalls als Modell herhalten. Aber dann ist es mit der eigenen Anschauung von Paarungsverhalten der Tiere bei den meisten zivilisierten Menschen auch schon vorbei. Und kaum jemand ahnt etwas von den für uns aufregenden oder bizarren Varianten so vieler anderer Arten.

Auch Tiere wahren ihre »persönliche Sphäre«

Wenn die Schwalben im Herbst in den Süden starten wollen, sieht man sie aufgereiht auf Telefonleitungen sitzen. Alle wahren denselben Abstand. Will sich eine neu ankommende Schwalbe zwischen zwei bereits sitzende drängen, so wird das nicht geduldet. So wie die Schwalben auf ihrer Telefonleitung beansprucht jedes Lebewesen um sich herum einen ganz bestimmten Freiraum. Den darf kein Artgenosse ohne besondere Erlaubnis unterschreiten. Auch uns Menschen ist es überaus unangenehm, von Fremden berührt zu werden. Deshalb schlängeln wir uns in dichtem Gedränge unter strikter Vermeidung jeglichen Körperkontaktes aneinander vorbei und entschuldigen uns, wenn wir einander auch nur flüchtig streifen.

Dieses Bestreben, einen artgemäßen Individualabstand einzuhalten, ist in der Tierwelt ein weit verbreitetes Mittel, die sozialen Beziehungen untereinander zu regeln. Allein lebende Arten halten stets eine große Individualdistanz ein. Igel, Hechte, Pythonschlangen – um einige solitär lebende zu nennen – meiden jeglichen Kontakt untereinander. Gesellig lebende Tiere wie Hirsche, Zwergmangusten, Fledermäuse, in Kolonien brütende Webervögel, Heringe oder Ameisen dulden eine Annäherung von Artgenossen auf kürzere Entfernungen oder suchen sie sogar auf. Nur wenige Arten erstreben in bestimmten Situationen aktiv Körperkontakt – wie Löwen, Mausvögel oder Bienen –, manche mögen dieses sogenannte »Kontaktliegen« nur beim Schlafen und Ruhen, z. B. Schweine oder einige Hühnervögel sowie die Jungtiere vieler Arten.

Säugetierkinder müssen beim Trinken zwar eine Individualdistanz von Null herstellen, im allgemeinen aber wahrt jedes Tier seine persönliche Sphäre.

Nicht immer »merkt« ein Tier, daß sich ihm ein Artgenosse in sexueller Absicht nähert, und reagiert verstört oder nicht situationsgemäß. Vielleicht ist gerade keine Paarungszeit –, wenn es eine solche für die betreffende Art überhaupt gibt. Vielleicht ist das Tier, dem sich ein Artgenosse nähert, in diesem Augenblick selbst nicht in Sexualstimmung wie beispielsweise ein Amselweibchen, dessen zweite Brut gerade ausgeflogen ist. Vielleicht ist es von der Annäherung eines eigentlich geduldeten oder vielleicht sogar ersehnten Artgenossen nur überrascht, obwohl es in der Paarungszeit und bei eigener ausgeprägter sexueller Stimmung mit dem Auftauchen eines Partners rechnen muß. So können zwei Nashörner – beide in Paarungsbereitschaft – bei ihrer ersten unerwarteten Begegnung durchaus einen Kampf beginnen.
Auf jeden Fall ist ein zu nahe kommender Artgenosse zunächst ein Eindringling in die persönliche Sphäre. Und das erzeugt unweigerlich zunächst einmal Aggression. Um sexuell erfolgreich zu sein, muß diese Aggression abgebaut werden. Deshalb werden bei manchen Arten allerlei Beschwichtigungen, manchmal geradezu Tricks, eingesetzt, um zunächst erst einmal die Hemmschwelle bei Berührungen abzubauen. Bei kaum einer Tierart, die zur Fortpflanzung kopulieren muß, kommen die Partner unverzüglich zur Sache. Oft bedarf es sehr langer und manchmal komplizierter Vorbereitungen, um zur Vereinigung zu kommen.
Eine Möglichkeit dazu ist die Verlobung (s. S. 71). Vor allem aber dient das Werbeverhalten (s. S. 52 ff.) dem Abbau der Aggression wegen des unvermeidlichen »Zu-nahe-Kommens« bei der Begattung, bei der sehr viele Tierarten nicht nur die Berührung friedlich dulden, sondern sogar das Ineinanderdringen der Körper beider Sexualpartner tolerieren.
Prinzipiell sind zwei Wege möglich, Artgenossen von der eigenen Ungefährlichkeit zu überzeugen. Einerseits verbirgt ein Tier demonstrativ seine Waffen. Schnäbel werden bei-

spielsweise zur Seite gedreht, bis sie aus dem Gesichtsfeld des Partners verschwinden. Bei Silbermöwen oder Kolkraben gilt das »Wegsehen« als Zeichen friedliebender Grundstimmung. Störche legen beim Begrüßungsklappern den Kopf weit in den Nacken, damit die Schnäbel nach hinten und nicht auf den Partner zeigen. Andererseits kann ein Tier zum Beweis seiner »guten Absichten« deutliche Beschwichtigungsgesten zeigen, ohne angegriffen zu sein. Viele davon sind aus dem Inventar des Mutter-Kind-Verhaltens »entlehnt«. Dazu gehören z. B. auch Futtergeschenke, die den Partner – meist ist es das Weibchen – so ablenken wollen, daß die Kopula unbemerkt, quasi nebenbei »erledigt« werden kann.
Eine elegante Methode zur Überwindung der Angst vor dem Zu-nahe-Kommen ist es, von vornherein in der Anonymität zu bleiben. Es gibt viele Arten, bei denen sich die Partner trotz geschlechtlicher Fortpflanzung nie begegnen. Auf dieses Thema kommen wir in einem späteren Abschnitt zurück (s. S. 139 ff.).

Von Petasmen und Pedipalpen: Vielfalt der Begattungsorgane

Um die vielen – teilweise sehr unterschiedlichen – Methoden der Paarung zu verstehen, ist es vorteilhaft, sich einen Überblick über die verschiedenen Begattungsorgane zu verschaffen. Einige von ihnen wollen wir hier skizzieren und gegebenenfalls auch gleich ihre Anwendung schildern.
Ein Beispiel für die vielen kompliziert gebauten männlichen Geschlechtsapparate sind die *Petasmen* der Pleopoden (Zehnfußkrebse). Diese Organe zur Übertragung des Samens werden bei den Männern dieser Gliederfüßer aus den ersten

beiden der zehn Beinpaare gebildet. Sie funktionieren geradezu wie eine in der Medizin gebräuchliche Injektionsspritze. Das erste Beinpaar wurde im Laufe der Entwicklungsgeschichte dieser Arten zu einer Röhre umgebaut. Diese wird dann aus den Keimdrüsen mit Sperma gefüllt. Den Stempel dieser Spritze bildet das zweite Beinpaar. Mit dieser wirklich komplizierten Einrichtung können sie ihr Sperma in die Geschlechtsöffnung ihrer Sexualpartnerin buchstäblich hineinspritzen.

Manche Webspinnenarten benutzen ihre *Pedipalpen* als männliche Begattungsorgane. Hierbei handelt es sich um das umgebaute zweite Beinpaar. Während es von den Weibchen, seiner ursprünglichen Aufgabe entsprechend, als Tastorgan benutzt wird, können die Männchen in die umfunktionierten Pedipalpen ihr Sperma hineinbringen und speichern. Mit diesen Samenüberträgern werden dann auch die Weibchen befruchtet. Wie anatomisch gar nicht anders zu erwarten, besteht keine Verbindung der Produktionsstätten der Spermien mit diesen Pedipalpen. Deshalb müssen die Männchen zunächst einen Spermatropfen auf ein winziges, selbst gesponnenes Netz absondern. In diesen Spermatropfen tauchen sie dann die Pedipalpen hinein, um sie mit Sperma zu füllen.

Ein besonders interessantes männliches Begattungsorgan haben einige Kopffüßer entwickelt. Irreführend wird diese Tierklasse oft »Tintenfische« genannt, obwohl die Bezeichnung Tintenschnecken für diese schalentragenden, nur in den Meeren vorkommenden Weichtiere richtiger wären. Kraken und Riesenkalmare gehören in diese Klasse. Sie haben im Zuge ihrer Evolution einen ihrer acht oder zehn um die Mundöffnung herum angeordneten und mit Saugnäpfen ausgerüsteten Fangarme zu einem *Hectocotylus,* einem Begattungsarm, umgebaut. Bei einigen Arten der Coleoidea (es gibt für sie keinen deutschen Namen) bleibt dieser Begat-

tungsarm immer mit dem Körper des Kopffüßers verbunden, wie z. B. beim achtarmigen Tintenfisch Octopus vulgaris. Diese »zweckentfremdete« Neuentwicklung unterscheidet sich äußerlich von den anderen Fangarmen. Bei dem achtarmigen sogenannten »Papierboot«, einer Art der Gattung Argonauta, löst sich dieser Begattungsarm jedoch und schwimmt aktiv unter schlängelnden Bewegungen in die sogenannte Mantelhöhle des Weibchens. Diese ist ein einziger Hohlraum im Körper der Kopffüßer und dient der Nahrungsaufnahme sowie der Abgabe der Exkremente. Nach Einverleiben des abgetrennten Begattungsarmes eines Männchens dient die Mantelhöhle außerdem noch als Reservoir für das Sperma. So können die Eier des weiblichen Papierbootes noch befruchtet werden, wenn das männliche Tier längst verschwunden ist. Von einigen Arten der Gattung Octopus weiß man, daß zehn Millionen Spermien in solch einem Hectocotylus enthalten sind.
Beim Bauplan dieser Tiere ist es klar, daß die ganz am anderen Ende des Körpers liegende Keimdrüse nicht durch einen Kanal mit dem betreffenden Begattungsarm verbunden sein kann. Das Sperma muß freischwimmend durch die Mantelhöhle dorthin gelangen. Im Inneren der Höhle des Weibchens, die nur einen Ein- und Ausgang hat, ist es für die Spermien leichter, wiederum freischwimmend in die dort mündenden weiblichen Geschlechtsorgane einzudringen und dort reife Eizellen zu befruchten.

Der Pseudo-Penis der Zahnkarpfen

Da die meisten Fische Eier legen, die außerhalb des Körpers besamt werden, wäre die Ausbildung eines besonderen

Begattungsorgans bei ihnen nicht sinnvoll und ist daher auch nicht zu erwarten.
Immerhin gibt es aber auch lebendgebärende Fische. Bei ihnen muß die Befruchtung selbstverständlich im Inneren des weiblichen Tieres erfolgen. Bloßes Aufeinanderpressen der Kloaken beider Geschlechter, wie das bei Vögeln und manchen Reptilien üblich ist, kann für manche besonders mobile Tierarten unter Wasser keine erfolgversprechende Methode sein. Deshalb haben sich bei Lebendgebärenden mit innerer Befruchtung die der männlichen Kloake nahestehenden Flossen zu Röhren entwickelt, durch die Sperma in die weibliche Kloake ejakuliert werden kann.
Was bei den unter Aquarianern so beliebten lebendgebärenden Zahnkarpfen einem Penis ähnlich sieht und auch in recht gleichartiger Weise benutzt wird, bezeichnet man als *Gonopodium*. Mit dem Penis der Säuger oder auch nur der Vögel oder Reptilien ist dieses Organ vom Aufbau her nicht zu vergleichen. Ein Gonopodium ist aus den umgebauten Strahlen der mittelständigen Afterflosse entstanden. Diese liegt ja unmittelbar hinter der Kloakenöffnung der Fische. Aus dem ersten Strahl der im übrigen verkümmerten Bauchflosse wurde eine Begattungsröhre. Der Muskelapparat, der bei anderen Fischen für die Bewegung der Afterflosse zuständig ist, gestattet dem Gonopodium eine Beweglichkeit in alle Richtungen und damit auch das Eindringen in die Geschlechtsöffnung der weiblichen Tiere. Dies geschieht von der Seite her, wobei die Partner nebeneinander schwimmen.
Auch die Haifische haben in ihrer Entwicklungsgeschichte eine Flosse zum Begattungsorgan umgearbeitet. Dieses hier so genannte *Myxopterygium* ist aber nicht wie bei den Zahnkarpfen aus der After-, sondern aus der Bauchflosse entstanden. Im übrigen ist es genau wie das Gonopodium der lebendgebärenden Zahnkarpfen als Begattungsorgan erfolgreich einsetzbar.

Kloake auf Kloake: Paarung bei Kriechtieren und Vögeln

Bei vielen Wirbeltierarten hat sich aus der Kloake ein Begattungsorgan entwickelt. Dieses kann doppelseitig sein wie bei Schlangen und Echsen. Die Biologen sprechen dann von einem *Hemipenis.* Die urtümlichen und stammesgeschichtlich alten, seit 200 Millionen Jahren fast unveränderten Brückenechsen benutzen jedoch kein Begattungsorgan, die Befruchtung erfolgt bei ihnen durch Aufeinanderpressen der Kloaken. Die Tiere setzen pro Gelege etwa ein Dutzend Eier in einer Erdgrube ab. Die Schlangen haben im männlichen Geschlecht zwei paarige, ausstülpbare taschenartige Gebilde entwickelt. Bei der Begattung pressen sie Kloake auf Kloake, jeweils eine dieser ebenfalls Hemipenis genannten Ausstülpungen kann dabei erigieren. Diejenige von beiden, die der Kloakenöffnung des Weibchens am nächsten ist, wird eingeführt. Durch eine Rinne – ein Hemipenis hat keine geschlossene Röhre – gelangt das Sperma in die Kloake des Weibchens. Der Hemipenis paßt genau in eine entsprechende Ausbuchtung in der Kloake, in der er sich durch eine Art von Widerhaken und Falten verankern kann.
Schildkröten und Krokodile haben nur einseitig ausgebildete, solide Gebilde hervorgebracht, die einem Penis schon recht ähnlich sind und ebenfalls in die Kloake des Weibchens eingeführt werden können. Das Begattungsorgan der Schildkröten ist im Ruhezustand zurückgezogen im unteren Raum der Kloake. Bei sexueller Erregung kann dies Gebilde durch erhebliche Blutzufuhr stark anschwellen und aus der Kloake heraustreten. Bei einigen Weichschildkröten ist das Begattungsorgan an der Spitze etwas gespalten.
Die männlichen Krokodile geben zur Paarungszeit häufiger ein dröhnendes Gebrüll von sich. Zugleich sondern Drüsen-

paare am Kopf und in der Nähe der Kloake ein auf den Geschlechtspartner sexuell erregend wirkendes Sekret ab. Paarungsbereite Weibchen erheben im flachen Wasser den Schwanz an der Wurzel, wobei die Spitze meist eingetaucht bleibt. Mit seitlichem Schlagen des Schwanzes peitschen die Männchen das Wasser und folgen den Weibchen. Die Partner schwimmen umeinander herum, manchmal umwinden die Schwänze einander, und schließlich legen sich die Kloaken gegeneinander.
Auch der Penis mancher Vögel – wie z. B. der des Straußes, der eine beträchtliche Länge erreicht – ist unpaarig angelegt und entstammt ebenfalls den öffnungsnahen Partien der Kloake. Auch hier findet eine Erektion durch vermehrte Blutzufuhr in besonderen Schwellkörpern statt.

Samenpakete – auch zur Selbstabholung: das Spermatophoren-Prinzip

Nicht nur die Baupläne der Geschlechtsorgane zeigen im Tierreich eine große Vielfalt; auch die Art der Samenabgabe weist bei den einzelnen Tierarten große Unterschiede auf. Statt einer – bei Säugetieren bekannten – Ejakulation lassen manche Tierarten, z. B. viele Fische und Schnecken, ihr Sperma als Flüssigkeit einfach in die Umgebung ab. Andere bündeln ihre Spermien zu sogenannten Spermatophoren. Das sind kompakte Samenpakete mit einer oft kompliziert gebauten Umhüllung. Diese findet man bei Tiergruppen, deren Organisation auf mittlerer Höhe in der stammesgeschichtlichen Entwicklung steht.
Eine echte Spermatophore besteht aus Millionen von Spermien oder – als eine Art Zwischenlösung von einzeln zur

Eizelle strebenden Samenzellen und Spermatophoren – aus Hunderten von Spermien, wie z. B. bei manchen Taumelkäfern. Wenn hierbei alle Schwänze der Spermien wie die Ruder von Galeerensträflingen im Takt schlagen, kommen die Spermien auf ihrem Weg zur Eizelle schneller voran. Letztlich kann aber nur einer aus dem Team mit der Eizelle verschmelzen. Das ist ein gutes Beispiel für Altruismus auf der Ebene der Keimzellen. Spermatophoren können entweder durch ein männliches Geschlechtsorgan in die weibliche Geschlechtsöffnung praktiziert oder irgendwo im Lebensraum der Tierart zur Selbstabholung durch die Weibchen deponiert werden. Die Befruchtung mit Spermatophoren kann je nach Tierart innerhalb oder außerhalb des Körpers stattfinden. Sowohl etliche Fisch- als auch Insektenarten verwenden Spermatophoren für die Besamung innerhalb des Körpers des weiblichen Tieres. Molche und etliche Insektenarten beispielsweise entlassen ihre Spermatophoren nicht in den Körper ihrer Weibchen.

Nach der inneren Befruchtung durch Spermatophoren gebären einige Arten – wie z. B. Zahnkarpfen – lebende Junge, bei anderen – z. B. den Libellen – werden mit Spermien aus den Spermatophoren nur Eizellen befruchtet, die dann von den Weibchen an geeigneten Stellen gelegt werden. Aus dem Depot einer einzigen Spermatophore, die bei nur einer Paarung übernommen wurde, können zahlreiche Eizellen befruchtet werden, auch wenn diese erst über längere Zeiträume periodisch heranreifen.

Spermatophoren werden bei vielen Arten anonym abgegeben. Dann plazieren die Männchen Spermatophoren in einem Gebiet, in dem wahrscheinlich Weibchen vorhanden sind, ohne daß die Männchen sich von deren Gegenwart überzeugt haben, diese kennen oder anlocken müssen. So praktizieren das z. B. die zu den Urinsekten gehörigen Springschwänze. Durch Befruchtung mit Spermatophoren

kann bei solchen Arten eine anonyme Elternschaft entstehen, wie sie auch bei vielen Seetieren vorkommt, die einfach Eier und große Mengen von nicht zu Spermatophoren gebündelten Samenzellen ins Wasser entlassen.
Auf etwas höherer biologischer Organisationsstufe sind bei dieser Art der Befruchtung Sicherheitsmaßnahmen eingebaut, damit die Weibchen auch tatsächlich diese Spermatophoren aufnehmen. Teilweise führen die Männchen sie direkt »auf den richtigen Weg«, wie zum Beispiel die zu den flügellosen Urinsekten gerechneten Silberfischchen, die wir nachts beim Lichtanknipsen im Badezimmer über die Fliesen huschen sehen (s. S. 108).
Die Befruchtung durch Spermatophoren ist keineswegs immer mit der Anonymität der Eltern gekoppelt. Sie verhindert auch durchaus nicht grundsätzlich, daß geschlechtsreife Weibchen und Männchen körperlichen Kontakt aufnehmen und auf diese Weise eine Individualdistanz aufrechterhalten, sie müssen sich für die Begattung oft berühren.
Die Intensität der Bindung von Jungen an Mutter, Vater oder Sozialverband ist weder davon abhängig, ob die Befruchtung innerhalb oder außerhalb des Körpers stattfindet, ob sie durch Übertragung von Spermatophoren oder als Ejakulation im Innern des Körpers gezeugt werden. So können beispielsweise außerhalb des Körpers gezeugte Buntbarsche genauso fürsorglich versorgt werden wie durch innerhalb des Körpers stattfindende Befruchtung entstandene Nagetiere, die auch schon wenige Tage nach der Geburt allein zurechtkommen müssen (s. S. 139 ff.). Durch Spermatophoren im weiblichen Körper gezeugte Zahnkarpfen werden – wenn sie Pech haben – von der Mutter verzehrt. Aus Eiern geschlüpfte Jungtiere werden dagegen bei manchen Schlangen oder Spinnenarten von der Mutter sorgsam betreut.
Die dotterreichen Eier der Skorpione entwickeln sich im Innern der Mutter so weit, daß sie genau zum Zeitpunkt des

Sprengens der Eihülle gewissermaßen lebend geboren werden. Bis zur ersten, bei manchen Arten sogar bis zur zweiten Häutung werden sie auf dem Rücken der Mutter getragen und sind dadurch natürlich vor vielen Gefahren sicher und vor manchen Feinden geschützt.

Spinnen und Schmetterlinge – um nur einige Beispiele zu nennen – »sorgen« für ihre Brut z. B. durch Einspinnen in Kokons. Bei Wolfsspinnen trägt das Weibchen zunächst den Kokon mit sich herum, dann auch noch für einige Tage die frisch geschlüpften Jungtiere auf ihrem Rücken. Kolbenspinnen bewachen ihren Kokon, ohne sich dann weiter um die geschlüpften Jungen zu kümmern. Einige ebenfalls durch Spermatophoren befruchtete Hundertfüßerweibchen legen ihre Eier in ein kleines Erdhäufchen und ringeln sich zur Bewachung der Eier um dieses herum.

Diese Überlegungen sind ein Hinweis darauf, daß alle Verhaltensweisen – genauso wie körperliche Merkmale – Anpassungen an die Besonderheiten des jeweiligen Lebensraumes der Arten darstellen. Eine seßhafte, an ihren Standort gebundene Meeresmuschel muß eine andere Fortpflanzungsstrategie entwickeln als ein Insekt, das zu weiten Flügen fähig ist; ein Frosch im schnell strömenden Bach ist auf andere Methoden zur Vermehrung angewiesen als ein unterirdisch lebender Maulwurf; Grasfresser müssen ein anderes Sexualverhalten zeigen als Fleischfresser.

Die Verhältnisse in der unbelebten Natur und der Einfluß aller anderen Lebewesen, die einen Lebensraum teilen, haben im Laufe der Evolution zur Ausformung der verschiedensten Verhaltensweisen geführt. Wenn diese Anpassungen in Sackgassen führen, dann stirbt die Art aus. Andererseits können sie die Formenvielfalt auch vergrößern, weil durch sie immer neue Arten immer neue Nischen erobern. Anpassung ist der einzige Weg, der am Aussterben vorbeiführt.

Variantenreiche Kopulationsstellungen

Ganz anders als beim Menschen, dessen Sexualpraktiken fantasievoll und vielfältig sind, erfolgt der Ablauf der Kopula bei den meisten Tieren in einer starren artspezifischen Gleichförmigkeit. Genau wie bei der Werbung gilt: Wenn irgendein Element der sich aneinanderschließenden Kette von Einzelverhaltensweisen bei der Begattung »falsch« – also nicht dem artgemäßen Verhalten entsprechend – abläuft, wird die Paarung unterbrochen.

Es gibt nur wenige Tierarten, die verschiedene Kopulationsstellungen kennen. Dazu gehören Gorillas und Orang Utans. Sie können den Koitus sowohl von hinten als auch in der Bauch-zu-Bauch-Position vollziehen. Dabei können sie stehen, sitzen oder knien. Zwergschimpansen haben eine größere Variabilität in ihren Kopulationsstellungen als die »großen« Schimpansen. Es gibt einzelne Säugetierarten, bei denen die Bauch-zu-Bauch-Stellung die Regel ist. Dazu gehören z. B. Seeotter, einige Wale, die sich bei der Kopula mit den Köpfen geradezu aus dem Wasser erheben, und die Biber, die die Kopulation einander zugewandt in sitzender Stellung vollziehen. Normal ist jedoch für die meisten Tierarten ein geradezu stereotyper Ablauf der Kopulation.

Bei Säugetieren ist es weitgehend normal, daß das Männchen dem Weibchen von hinten her aufreitet. Dabei ist es sehr unterschiedlich, was das Männchen dabei mit den Beinen und seinem Körper macht. Gazellen stehen während der Paarung völlig frei. Weder der Körper noch die Vorderbeine des Männchens berühren das Weibchen. Nur die Geschlechtsorgane haben Kontakt miteinander. Fällt ein Männchen versehentlich vorn- oder hintenüber, bedeutet das sofort das »Aus« für die Begattung, und selbst das vorangegangene Werberitual muß von vorn beginnen. Elefantenbullen dagegen legen ihren ganzen Körper auf das Hinterteil der oft wesentlich kleineren Kuh, die auf diese Weise zusätzlich Tonnen an Gewicht tragen muß. Die Nashornarten verhalten sich ähnlich. Hier kommt – im wahrsten Sinne des Wortes – erschwerend für die Weibchen hinzu, daß eine Nashornkopula oft viele Minuten, manchmal bis zu eineinhalb Stunden dauern kann.

Die Zeitdauer für die Begattung ist in den verschiedensten Ordnungen keineswegs einheitlich. So zieht sich die Paarung bei Känguruhs oft länger als eine halbe Stunde hin. Bei vielen Hornträgern, besonders bei den sozial lebenden, dauert die Kopula extrem kurz. Es gibt Arten, bei denen nur ein einziger Beckenstoß die Ejakulation auslöst. Bei den meisten Raubtieren ist die Kopula in wenigen Sekunden vorüber, Bären jedoch können fast eine Stunde in Paarungsstellung verbleiben. Dasselbe gilt für Frettchen. Es ist bei diesen Langzeitkopulierern nicht ausgeschlossen, daß es während dieser Zeit zu mehreren Ejakulationen kommt. Das würde zugleich – ähnlich wie das »Hängen« bei den Hunden – eine gewisse Sicherung der Vaterschaft bedeuten. Es ist allerdings noch nicht gewiß, ob solche Zeiträume ausreichen, daß die ejakulierten Spermien in dieser Zeit tatsächlich die Eizelle erreichen und auch mit ihr verschmelzen. Immerhin bekommen diese Spermien zumindest einen guten Vorsprung, selbst wenn die nächste Kopula bald erfolgt.

Um den Penis tatsächlich in das weibliche Genitale einführen zu können, ist in diesem Körperbereich ein sehr ausgeprägter Tastsinn erforderlich; eine optische Kontrolle fehlt. Wir haben in Afrika bei Kuhantilopen, aber auch bei Löwen und einmal bei Warzenschweinen beobachtet, daß dem Männchen die Einführung des Penis nicht gelang und daß dieses sozusagen »vorbeiejakulierte«. Besonderer Geschicklichkeit bedarf die korrekte Einführung des Penis bei Elefanten. Die weibliche Geschlechtsöffnung liegt bei ihnen zwischen den

Hinterbeinen am Bauch und zeigt nach vorn. Der Penis des Elefanten ist daher außerordentlich beweglich. Er muß zunächst unter der Vulva (Geschlechtsöffnung) der Kuh nach vorn geschoben, danach um 180 Grad zurückgebogen und dann eingeführt werden. Im Inneren des sich nach oben und dann nach vorn windenden Schlauches der Elefantenscheide folgt der Penis dann auch dieser Windung.

Vielfach unterstützt das weibliche Tier die Einführung des Penis, indem es seinen Schwanz beiseite- oder hochnimmt, wie das bei fast allen Säugern der Fall ist. Die Weibchen mancher Arten strecken ihre Geschlechtsorgane dem Männchen förmlich entgegen. Das läßt sich z. B. bei Meerkatzen und bodenbewohnenden Affen gut beobachten.

Es ist erstaunlich, wie gering unsere Kenntnisse von der Begattung bei einigen Säugetieren mit nächtlicher Lebensweise sind und bei solchen, die in schwer zugänglichen Lebensräumen kopulieren, im Wasser, in den höchsten Baumkronen, unter der Erde oder in Höhlen. Flußpferde kopulieren beispielsweise unter Wasser. Da die meisten von Flußpferden bewohnten Gewässer auch noch trübe sind, kennt man längst nicht alle Einzelheiten dieser Kopulation. Immerhin wissen wir, daß ein Flußpferdbulle im Wasser aufreitet. Meist ist das Wasser an dieser Stelle so tief, daß der auf den Hinterbeinen stehende Bulle mit dem Gewicht seines Oberkörpers das Weibchen unter Wasser drängt. Wenn die Partnerin nun nach einer Weile Luft holen muß und den Kopf wieder über die Wasseroberfläche bringt, kann es vorkommen, daß das Männchen nach ihr schnappt, allerdings ohne sie dabei zu verletzen.

Afrikanische Hornträger reiten nach einem sehr ritualisierten Werbeverhalten mit »Paarungsmarsch« und »Laufschlag« von hinten auf. Dabei gehen viele Gazellenarten langsam weiter, die Kopulation erfolgt also nicht im Stehen, und so kommt es bei Grant- und Thomsongazellen nur zu einer

Berührung der Geschlechtsorgane. Bei den Großen Kudus wird der Schritt des Weibchens vor der Kopulation immer langsamer, bis es endlich stehenbleibt und als Zeichen der Einwilligung den Schwanz zur Seite nimmt. Dann reitet der Bulle von hinten auf und legt dabei den Kopf auf die Kruppe des Weibchens.

Paarungen erfolgen bei Wirbeltieren meist – wenn auch nicht bei allen Arten – in gegenseitigem Einvernehmen. Beide Partner signalisieren das einander; zumindest zeigen sie duldende Bereitschaft. Diese muß nicht immer nur auf das weibliche Geschlecht beschränkt sein. In den letzten Phasen der sich über ein paar Tage hinziehenden Löwenpaarung geht die Initiative weitgehend von der Löwin aus. Bei manchen Arten wird die Paarung ganz plötzlich ohne vorhergehende »Anfrage« um Bereitschaft vollzogen. Das ist beispielsweise bei Libellen der Fall.

Sexualität bei Tieren – eher Last als Lust?

Keineswegs ist Sexualleben bei Tieren immer lustbetont. Bei Säugern, Vögeln, Reptilien mag das noch zutreffen, ja sogar bei Igeln. Zu Recht unterstellen wir ihnen, daß sie es ganz, ganz vorsichtig machen, denn im Bereich ihrer Geschlechtsorgane haben sie keine Stacheln. Für andere Arten kann die Paarung geradezu zu einer Pflichtübung werden, bei einzelnen Arten – wie bei den Wanzen – ist sie ein schmerzhaftes, oder – wie bei Spinnen – ein gefährliches und bei einigen – wie bei der Gottesanbeterin – sogar ein tödliches Abenteuer. Die stinkenden, für uns Menschen höchst unangenehmen Bettwanzen praktizieren eine eigenartige Form der Paarung, die mit Recht als »traumatisch« bezeichnet wird. Die Männchen besitzen ein dolchartiges Begattungsorgan. Mit diesem bohren sie den Hinterleib des Weibchens an irgendeiner Stelle meist seitlich von unten an, obwohl eigentlich eine Geschlechtsöffnung vorhanden ist. Sie entlassen ihre Spermien einfach irgendwo in die freie Bauchhöhle ihrer Partnerin, von dort gelangen sie über die Blutbahn in ein Speicherorgan. Die Wunde vernarbt schnell, und das Sperma wird entweder – meist wenn die Wanze Gelegenheit zum Blutsaugen hat – zur Befruchtung der Eier verwandt, oder es dient im übrigen aber auch als hochwertiges Eiweiß der Ernährung dieses Tieres.

Fangschrecken, zu denen die Arten der Gottesanbeterinnen gehören, sind in ständiger Bereitschaft, Beute zu schlagen, und halten alles, was sich bewegt und eine entsprechende Größe hat, für Nahrung. Auch ein sich näherndes Männchen wird daher zunächst als Beute angesehen. Nähert es sich der gefräßigen Partnerin, versucht es natürlich – im typischen Verhalten der Feindvermeidung –, sich zu retten. Mit zunehmendem Ansteigen seiner sexuellen Erregbarkeit gewinnt der Trieb zur Paarung die Oberhand über die Bereitschaft zur Flucht. Im einfachen Nervensystem der Fangschrecke sitzt im Hinterleib des Männchens das Zentrum, das die Bewegung für eine Paarung steuert. Ein anderes Nervenzentrum, das über dem Schlund sitzende und daher so genannte »Oberschlundganglion«, ist unter anderem für die Flucht zuständig und hemmt das für die Kopulation zuständige Zentrum. Wenn nun das Weibchen seinem Partner den Kopf abbeißt, unterbindet es die hemmenden Impulse auf das die Begattung steuernde Zentrum. Solange das »kopflose« Männchen noch lebt, führt es unter der Oberleitung des im Hinterleib befindlichen »Begattungszentrums« alle Kopulationshandlungen koordiniert durch. Den Körper des geköpften Männchens lassen die Weibchen nicht verkommen: Er ist ein willkommener Imbiß

nach der Begattung und liefert Rohstoff für die Entwicklung der Nachkommen.
Es ist unter Biologen zweifelhaft, ob es wirklich Gottesanbeterinnenarten gibt, bei denen die Kopula in freier Natur notwendigerweise so ablaufen muß. Diese Vorgänge wurden unter Laborbedingungen beobachtet. Andererseits: wo, wenn nicht im Labor, ließe sich dieser Mechanismus mit den Ganglien aufklären?

Zufriedenheit als Prämie

Als Anreiz für die Begattung und zur Abwehr möglicher Aggressionen gibt es bei höheren Tierarten dafür als »Belohnung« zumindest jene Zufriedenheit, die sich einstellt, wenn angeborene Verhaltensweisen »ordnungsgemäß« vollbracht worden sind. Diese Zufriedenheit des Tieres ähnelt der sexuellen Befriedigung des Menschen. Wir wissen nicht, ob Tiere ein unseren Empfindungen entsprechendes, nach Erfüllung strebendes Lustgefühl kennen. Da sie uns das nicht in abstrakter Weise mitteilen können, sind wir auf Schlüsse aus Beobachtungen angewiesen.
Ein typisches »Zufriedenheitsgesicht« zeigen z. B. Löwen mit ihrer ausdrucksstarken Mimik – nach einer erfolgreich abgelaufenen Begattung ebenso wie nach einer sättigenden Mahlzeit oder nach einer gelungenen Territoriumsmarkierung durch Harnspritzen. Ein Trappenhahn steht nach dem Treten seiner Henne in derselben, auf uns Menschen selbstgefällig wirkenden Haltung wie nach dem erfolgreich abgewehrten Angriff eines Bodenraubtieres. Nun wird man schwerlich annehmen, daß das Zufriedenheitsgesicht nach einer erfolgreich abgeschlossenen Kopula etwas mit Sätti-

gung oder mit einer gelungenen Markierung des Territoriums zu tun hat. Es erscheint uns wahrscheinlich, daß die Empfindungen über den Erfolg ähnlich differenziert sind wie die Vorgänge, die dazu führen.
Bei sozial lebenden Tieren gibt es noch eine andere, eine zusätzliche Prämie: Sexueller Erfolg erhöht den Rang im Verband. Einem männlichen Pavian, der mit mehreren Weibchen kopuliert, bringen alle Artgenossen – egal, ob männlichen oder weiblichen Geschlechts – mehr Respekt entgegen als einem, der weniger erfolgreich ist. Weiblichen Tieren, die häufig – womöglich immer von demselben hochrangigen Männchen – begattet werden, genießen ebenfalls mehr Ansehen in ihrem Trupp als Weibchen mit Gelegenheitspartnern. Umgekehrt aber hat ein Büffel, der in einer gemischten Herde bei Begattungsversuchen von der Kuh abgewiesen oder ohne Kampf von einem Rivalen an der Kopula gehindert wird, viel weniger Aussicht, bei anderen Kühen zum Erfolg zu gelangen als ein unangefochten kopulierender Herdengenosse.
Bei niederen Tieren ist es schwer zu prüfen, welche »Prämie« sie für das teilweise kräftezehrende und gefährliche Paarungsverhalten bekommen. Wahrscheinlich ist es zu menschlich gedacht, daß jede angeborene Verhaltensweise belohnt werden muß. »Empfindet« ein Käfer die Sättigung als angenehm, wenn er eine große Beute verputzt hat? Ist die Karausche »zufrieden«, wenn sie dem Hecht entkam? Ist ein Bandwurm glücklich, wenn er in einem ergiebigen Wirt seinen Lebensraum gefunden hat? Welche Belohnung erwartet die Krokodilmutter, wenn sie frisch geschlüpfte Jungtiere im zahnbewehrten Maul behutsam ins Wasser trägt? Steckt hinter all diesen Vorstellungen vielleicht nur das grundsätzlich angestrebte Prinzip des Lebendigseins, sich so zu verhalten, wie es die Gene wollen? Wo sind die tierlichen Äquivalente zu willkürlich ausgewählten Beispielen menschlicher Aktivi-

täten im Bett, bei der Parlamentswahl, im Speiserestaurant, nach einem überstandenen Krieg, beim Abitur der Kinder? Gibt es für das menschliche Empfinden, Wollen, Bewerten, Unterscheiden im Tierreich irgendwelche Entsprechungen? Gibt es sie nicht, was treibt dann die Tiere? Ihre Gene! Gut, aber was hat sie dazu gebracht, so zu werden, wie sie sind? Fragen über Fragen! An ihre Beantwortung ist erst zu denken, wenn wir mehr wissen, als dem heutigen Stand der Wissenschaft entspricht. Immerhin können wir uns zumindest maßvoll und zurückhaltend Gedanken machen über alle Bereiche des Lebens der Tiere auf unserer Erde.

Vertauschte Rollen: Wenn Männchen schwanger werden

Die Fortpflanzung bei den Seepferdchen ist in vielerlei Hinsicht interessant. Die Befruchtung erfolgt außerhalb des weiblichen Körpers; fast könnte man sagen, sie findet im männlichen Leib statt. Im übrigen ist der Vater für die Entwicklung der Jungen allein zuständig, denn sie reifen in seiner Bruttasche heran.

Die Balz der Seepferdchen wirkt auf uns Menschen sehr anmutig. Sie kann tagelang dauern, zumal ein Männchen sich mit mehreren Weibchen zugleich fortpflanzt. Die Initiative kann von beiden Partnern ausgehen, die Balz wird anfangs mit großer Intensität betrieben. Die balzenden Tiere gleiten aneinander vorbei, schwimmen langsam aufeinander zu, weichen zurück und drehen sich umeinander wie im Tanz. Hin und wieder wenden sie sich voneinander ab, um gleich darauf wieder einander gegenüberzustehen. Die sonst spiralig eingerollten Schwänze können sich dabei strecken

und einander umschlingen, manchmal werden sie auch auf dem Boden aufgestützt. Schließlich berühren sie ihre Bäuche. Dann schiebt das Weibchen ein paar seiner birnenförmigen Eier in den leicht geöffneten Brutsack des Männchens. Dort werden sie sofort vom Männchen befruchtet und mit ruckartigen Bewegungen auf den Grund des Brutsackes befördert. Es muß Platz gemacht werden für weitere Eier, die entweder von demselben Weibchen stammen oder später von einem anderen Weibchen nach bzw. während einer solchen Balz übergeben werden. Auch dies ist eine Besonderheit der Seepferdchen, daß nicht in strenger zeitlicher Reihenfolge Annäherung, Balz, Eier- und Samenausstoß bzw. Begattung aufeinanderfolgen. All das ist bei den Seepferdchen ein sehr komplexer Vorgang, bei dem verschiedene Verhaltenselemente mehr als einmal ablaufen können.
Bei manchen Arten können über 4000 Eier von mehreren Weibchen den Brutsack des Männchens derart ausbuchten, daß dieses geradezu »schwanger« aussieht. Wenn die Tasche voll ist, verschließt sie sich vollständig. Dadurch kann kein Meerwasser eindringen. Zugleich vermehren sich die Blutgefäße im Beutel; die Innenhaut wird schwammig. Das dient der Ernährung der Eier. Auf den Sauerstoffbedarf der heranwachsenden Seepferdchen reagiert der »schwangere Vater« durch gesteigerte Atmung mit Hilfe seiner Kiemen. Das Reifen vom Ei bis zum fertigen Seepferdchen hängt von der Temperatur ab; im allgemeinen vergehen drei bis vier Wochen, bis das Männchen in gewissen Abständen jeweils etwa ein Dutzend junger Seepferdchen »zur Welt bringt«. Tatsächlich sieht es so aus, als liefen Wehen ab. Der Seepferdchen-Vater muß allerlei Verrenkungen machen, damit sich die Bruttasche durch zuckende Bewegungen öffnet. Die Jungen werden dann förmlich ausgestoßen. Nach jedem Schwall einer Austreibungswehe hat man den Eindruck, das vom »Gebären« erschöpfte Tier müsse sich ein wenig erholen.

Die Neu-»Geborenen« müssen in den ersten Stunden ihres Lebens an die Wasseroberfläche, um Luft zu schlucken. Diese sorgt dafür, daß sie nach Seepferdchenart ihre Längsachse in die Senkrechte bringen und aufrecht schwimmen können.

Paarungsköder: Hochzeitsgeschenk oder Lebensversicherung?

Bei vielen Tierarten, besonders ausgeprägt z. B. bei Vögeln, gehört es zum Sexualverhalten, dem Geschlechtspartner Geschenke zu machen. Teilweise stehen sie ganz im Zusammenhang mit dem Werbeverhalten, wie beispielsweise bei Seeschwalben, bei denen die Männchen ihren Weibchen kleine Fische überreichen. Bei den von Vogelliebhabern gern gehaltenen Unzertrennlichen – das sind Kleinpapageien – würgen die Männchen für ihre Partnerinnen angedauten Futterbrei hervor. In Kenia haben wir einmal beobachtet, wie ein männlicher Halsband-Zwergfalke seiner Partnerin eine recht große, frisch geschlagene Echse übergab. Danach kopulierte er mit dem Weibchen und erhielt nach der Begattung die Echse zurück. Er selbst konnte diese nicht auffressen, da sie als Nahrung viel zu groß war. Das Weibchen dürfte in diesem Geschenk aber zumindest die »gute Absicht erkannt« haben. Das sogenannte Balzfüttern ist auch bei Insekten verbreitet. Bei Mücken-Haften – eineinhalb Zentimeter langen, schlanken Insekten mit gläsern wirkenden Flügeln – bringen die Männchen bei der Werbung selbstgefangene Insekten als Balzgeschenke. Wenn diese dem Weibchen nicht groß genug sind, werden sie abgelehnt. Für die Weibchen ist ein großes Geschenk wichtig, denn solange sie fressen, hält die Kopula an – je länger diese dauert, desto erfolgreicher ist sie auch.

Außerdem ist der Paarungsköder eine wichtige Energiequelle für das Weibchen, das nun nicht mehr selbst nach Nahrung suchen muß und nicht Gefahr läuft, dabei von Räubern erwischt zu werden.
Bei Tanzfliegen, die manchmal aufwendig verpackte Insekten als Geschenke mitbringen, sind es nur Paarungsköder, die oft unterlegenen Männchen eine – eventuell nur eine einzige – Begattung ermöglichen sollen. In anderen Fällen dienen solche Geschenke zunächst der Paarbildung, später dann der Paarbindung. Häufig bewirken sie nach Abschluß der Balz auch eine Beschwichtigung eines monogam verbundenen Partners, was bei vielen Vogelarten, die in Kolonien brüten, wichtig ist, wie z. B. bei Pinguinen und Kormoranen.
Verschiedene Gliedertiere lenken mit solchen fast immer eßbaren und sicher immer sehr wohlschmeckenden Geschenken die Weibchen für die Dauer der Kopula ab. Offenbar dulden die Weibchen, bei denen dies üblich ist, die Begattung nicht ohne derartige Belohnung. Bei gewalttätigen Weibchen – wie beispielsweise einigen Spinnenarten und Gottesanbeterinnen – ist ein anständiges Geschenk, zu dessen Verspeisen eine gewisse Zeit gehört, eine Art Lebensversicherung für das Männchen. Denn es kann das rabiate Weibchen inzwischen begatten und ihm dann rechtzeitig entwischen.
Daß die Geschlechtsprodukte selbst solche eßbaren Geschenke darstellen können, ist auf S. 113 ff. beschrieben, aber auch andere körpereigene Substanzen können zum gleichen Zweck eingesetzt werden. Skorpionsfliegen, die zur erdgeschichtlich alten Insektenordnung der vierflügeligen Schnabelfliegen gehören, haben ein höchst bemerkenswertes Verhalten entwickelt. Nachdem ein Skorpionsfliegenmännchen durch Flügelschwirren seine Absicht signalisiert hat, ein Weibchen begatten zu wollen, setzt es sich neben dieses. Kaum haben sich ihre Geschlechtsorgane berührt, produziert das Männchen einen an der Luft rasch erhärtenden Speichel-

tropfen. Es formt diesen mit seinen Mundwerkzeugen dann noch ganz schnell zu einem Zylinder und übergibt ihn dann dem Weibchen. Das Verspeisen dieses nahrhaften Geschenkes lenkt das Weibchen von der Kopula ab; genauso bricht es sie aber auch ab, wenn das Männchen nicht sofort Nachschub an Speicheltröpfchen liefert. Das geschieht dann auch mehrfach hintereinander. Es ist allerdings fraglich, ob die Kopula abgebrochen wird, weil keine ablenkenden Nahrungsgeschenke mehr produziert werden, oder ob umgekehrt das Männchen sofort die Speichelproduktion einstellt, wenn das Weibchen von sich aus die Kopula beendet.

Die wenig geliebte Küchenschabe, eine entwicklungsgeschichtlich ebenfalls sehr alte Art, benutzt eßbare Eigenproduktionen, um sich überhaupt erst einmal in Paarungsstellung bringen zu können. Nachdem die Partner sich mit ihren Fühlern gegenseitig am Geruch des Sekrets aus ihren Hautdrüsen identifiziert haben, versucht das Weibchen zunächst zu entfliehen. Vom Männchen überholt, wird es von diesem mit den Fühlern »beträllert«, wonach beide einander frontal gegenüberstehen. Daraufhin hebt das Männchen seine Flügel und legt damit zwei muldenförmige Vertiefungen auf der Oberseite seines Hinterleibs frei. Dorthinein scheidet es ein Drüsensekret aus, das dem Weibchen offenbar gut schmeckt. Jedenfalls dreht sich die männliche Küchenschabe um ihre Längsachse und schiebt ihren Hinterleib unter den Kopf der Partnerin, damit sie jetzt den Saft aus der Grube auflecken kann. Eine gewisse Eile ist dabei geboten. Wenn das Sekret verfrühstückt ist und kein neues mehr produziert wird, beginnt das Weibchen an den Rändern der Vertiefung zu knabbern und läßt weitere Paarungsvorbereitungen dann nicht mehr zu. Wenn das Männchen in richtiger Position ist, schiebt es sich – bevor sein Sekret aufgesogen ist – ganz abrupt vollständig unter das Weibchen und verhakt sein Begattungsorgan in der weiblichen Geschlechtsöffnung.

Sobald das geschehen ist, werden die Flügel angelegt. Das Mahl ist schlagartig beendet. Beide Tiere nehmen eine Stellung ein, bei der sie nur noch mit den Hinterleibern ineinander verhakt bleiben, bis das Sperma übertragen ist.
Bei den Tanzfliegen, die andere Insekten als Beschwichtigungsgeschenk einsetzen, fliegt das Männchen mit seiner Beute unter ein Weibchen. Dieses stürzt sich jetzt in der Luft von oben auf das Männchen, das sein Präsent überreicht und nun seinerseits dem Weibchen auf den Rücken klettert. In dieser Stellung kann es die Begattung ungestört vollziehen, solange das Weibchen die Beute aussaugt. Bei einigen Arten der ebenfalls zu den Tanzfliegen gehörenden Gattung Hilara werden die Beutetiere vom Männchen gefesselt, damit sie bei der Übergabe nicht entwischen können. Dazu werden sie in dünne Fäden eingesponnen, die in eigens zu diesem Zweck bestehenden Spinndrüsen an den Vorderbeinen der Männchen produziert werden.
Bei anderen Tanzfliegenarten wird das Beutegeschenk in einen großen Ballon eingesponnen, der mit sieben Millimetern Durchmesser weit größer ist als das Insekt selbst. Seine Übergabe ist dennoch einfacher als die eines nicht umsponnenen Beutetieres, das womöglich noch zappelt. Noch weiter entwickelt ist diese Geschenkübergabe von der Tanzfliegenart Hilara sartor. Bei dieser Art wird nur ein leerer Ballon übergeben. Dieser hat nur noch symbolischen Charakter. Als Zivilisationsmensch möchte man da – aus dem eigenen Alltag so vertraut – von einem »Verpackungsexzeß« sprechen. Es ist bei diesen Arten also nicht die Nahrungsaufnahme, die das Weibchen während einer Kopula ruhigstellt, sondern vielmehr nur der Ritus, vor der Paarung ein Geschenk zu erhalten.
Es gibt in der Familie der Raubspinnen einige Arten, die dem Weibchen vor der Paarung eine Fliege überreichen, die vollkommen eingesponnen ist. Wenn sich die Männchen mit die-

sem Geschenk nähern, richten sie sich vorn besonders auffällig in die Höhe und zeigen dem Weibchen das Geschenk. Wenn sich beide einig sind, geht nicht etwa das Männchen zur Übergabe an das Weibchen heran, vielmehr holt sich das Weibchen den Paarungsköder als Zeichen seines Einverständnisses. In der Zeit, die das Weibchen zum Auswickeln der Beute braucht, muß das Männchen die Übergabe seines Samens artgerecht vollenden.
Von Schimpansen ist bekannt, daß sie hin und wieder Fleisch essen und beispielsweise auch andere Affen jagen und verzehren. So kann ein Schimpansenmann einer Artgenossin Fleisch zum Geschenk anbieten, für das er als Gegenleistung die Bereitschaft zur Kopulation erkauft, auch wenn dieses Weibchen gerade nicht im Östrus ist. Freilich unterscheidet sich diese Situation von der, wie sie bei Insekten beschrieben wurde. Schimpansen können nämlich auch ohne solch ein Geschenk kopulieren, denn in ihren Gruppen herrscht Promiskuität (s. S. 32), die allen begattungsfähigen Männchen gestattet, mit jedem paarungswilligen Weibchen zu kopulieren. Der Östrus der weiblichen Schimpansen ist nicht zu übersehen, weil die voluminösen Schwellungen an den äußeren Geschlechtsorganen und in der Analgegend auffallen. Nicht-östrische Weibchen, die also aus biologischen Gründen gar nicht befruchtungsfähig sind, können sich dennoch zur Begattung »anbieten« oder – anders ausgedrückt – für ein Stück Fleisch die Kopula gewähren.

Bizarre Sexualpraktiken

Die Natur hat sich sehr viele verschiedene Weisen »einfallen« lassen, wie eine Kopula vollzogen werden kann. Selbstver-

ständlich ist keine dieser Varianten in irgendeiner Weise zielstrebig »geplant«. Vielmehr sind die vielfältigen Methoden der Begattung Anpassungen an die besonderen Lebensumstände der einzelnen Arten. Das ist wiederum von den ökologischen Bedingungen abhängig, unter denen die Arten sich entwickelt haben.
Es ist sofort einleuchtend, daß z. B. sich Tiere im Wasser anders fortpflanzen müssen als jene, die in Baumkronen oder unterirdisch leben. Auch die Stellung im zoologischen System – also die Organisationshöhe – hat Einfluß auf die Sexualpraktiken: Bandwürmer machen es anders als Buntbarsche oder Büffel. Im folgenden schildern wir ein paar besonders bizarre Beispiele der Begattungsweisen.

Das Paarungsrad der Libellen

Bei Libellen verläuft die Paarung recht kompliziert. Das liegt daran, daß beim Männchen die Samen aus dem Ende des Hinterleibes austreten, aber nicht unmittelbar in die Geschlechtsöffnung am Schwanzende des Weibchens gelangen. Das Männchen muß seine Spermien zunächst in ein viel weiter vorn an seinem Bauch gelegenes Begattungsorgan hineinpraktizieren. Das kann erst geschehen, nachdem das Männchen mit einer zangenartigen Vorrichtung an seinem Schwanzende die Partnerin dicht hinter dem Kopf ergriffen hat. Mit dem Weibchen »in der Zange« setzt es sich auf eine Pflanze, manche Arten fliegen auch mit dem Weibchen im Griff umher. Erst jetzt krümmt das Weibchen seinerseits den Schwanz nach vorn, um mit seiner Geschlechtsöffnung das Samendepot des Männchens zu erreichen. In »Selbstbedienung« holt es sich den dort frisch deponierten Samen ab. In diesem Augenblick bilden die Körper von Männchen und Weibchen das für Libellen so bekannte Paarungsrad, das manchmal herzförmig aussieht und so lange bestehen bleibt, bis das Weibchen den gesamten Samen übernommen hat.

Kurzfühlerschrecken im Schlepptau

Kurzfühlerschrecken, zu denen z. B. die Feldheuschrecken und die Wanderheuschrecken gehören, nähern sich einander durch spezielle werbende Gesänge. Wenn das Weibchen nicht paarungsbereit ist, hindert es das Männchen am Aufreiten, indem es dies mit den Hinterbeinen fortschiebt.
Ist das Weibchen paarungswillig, gibt es das durch bestimmte leise Lautäußerungen zu erkennen. Zur Paarung reitet das Männchen auf und schiebt das starre Hinterende seines Bauches von der Seite in die Geschlechtsöffnung des Weibchens und verhakt sich dort. Dabei wird eine relativ kleine, röhrenförmige Spermatophore deponiert, aus der die Spermien in den Geschlechtsapparat des Weibchens eindringen. Hierbei kann das Männchen oft hintenüber auf den Rücken fallen und wird vom Weibchen gelegentlich mehrere Zentimeter mitgeschleift – die Beine zappelnd in der Luft, ohne sich dagegen wehren zu können. Erst wenn die Geschlechtsorgane »entkoppelt« sind, ist für jeden Partner der Weg wieder frei.

Weibchen, die das Sperma fressen

Die nahe verwandten, zur gleichen Insektenordnung gehörigen Langfühlerschrecken – wie Laubheuschrecken, Heupferde oder Grillen – machen es bei der Paarung ganz anders. Bei diesen Arten geht im Sexualleben von den Weibchen viel mehr Initiative aus. Sie lassen sich durch Lautäußerungen anlocken und klettern ihrerseits den Männchen auf den Rücken. Sobald das geschehen ist, ergreifen diese mit ihren Hinterleibsanhängen die über ihnen sitzenden Weib-

chen und kleben ihnen eine riesige Spermatophore an die Geschlechtsöffnung. Danach verharrt bei Grillen das Männchen minutenlang in unmittelbarer Nähe des Weibchens und legt ihm seine Fühler auf den Rücken. Diese Nachbalz soll verhindern, daß die Spermatophore vom Weibchen aufgefressen wird, ehe die Spermien in den weiblichen Körper eingedrungen sind. Erst nach mehr als einer halben Stunde »gestattet« das Männchen dem Weibchen, die leere »Verpackung« der Spermien zu fressen. Einige Laubheuschreckenarten kennen diese Nachbalz nicht; bei ihnen läßt sich das Weibchen nicht davon abhalten, mit dem Verzehr der Spermatophore zu beginnen, sobald diese an seiner Geschlechtsöffnung angeheftet ist. Dabei müssen sich zumindest ein paar besonders flinke Spermien beeilen, dem Verspeistwerden zu entgehen und die Eizellen des Weibchens zu erreichen.
Blumengrillen benutzen eine besondere Methode, durch die Weibchen am sofortigen Verspeisen der Spermatophore gehindert werden. Die Männchen dieser Art sondern an den hinteren Teilen ihres Brustabschnittes ein Sekret ab, das von den Weibchen gern gefressen wird, während ihnen vom Männchen die Spermatophore längst angehängt ist. Erst wenn das Saftorgan leer gefressen ist, gönnt sich das Weibchen gewissermaßen als Dessert die leere Verpackung der Spermatophore, aus der sich inzwischen die Spermien auf den Weg zu den Eizellen gemacht haben.
Die Spermatophoren der Langfühlerschrecken setzen sich aus einer gallertigen, eiweißreichen Substanz zusammen, in der massenhaft Spermien enthalten sind. Es dauert oft viele Minuten, bis sich das Männchen vom Weibchen entfernen kann. Das ist ja erst dann sinnvoll, wenn inzwischen ausreichende Mengen von Spermien zu den weiblichen Keimzellen gelangt sind. Das Weibchen seinerseits macht sich unverzüglich an den Verzehr der nahrhaften Spermatophore und befreit dadurch zugleich weitere Spermien zur Befruchtung.

Bei einigen amerikanischen Laubheuschrecken besteht eine Beziehung zwischen der Größe der Spermatophore und der Anzahl von Eiern, die vom Weibchen zur Befruchtung freigegeben werden. Das ist eine sehr ökonomische Einrichtung, denn die Produktion großer Eizellen ist energieaufwendig und benötigt Eiweiß als Rohstoff. Kräftige, vitale Männchen können so durch die Produktion besonders großer Spermatophoren ihren Fortpflanzungserfolg erheblich steigern gegenüber Männchen, die nur kleine, wenig nahrhafte Spermatophoren liefern.

Es ist also durchaus nicht unüblich, daß Weibchen männliche Geschlechtsprodukte auch als Nahrung nutzen.

Einige Kugelspringerarten – sie gehören zu primitiven flügellosen Urinsekten – genehmigen sich von der Samenflüssigkeit aus den Spermatophoren ihrer Männchen zunächst einmal einen Schluck, ehe sie diese in die Geschlechtsöffnung aufnehmen.

Manche Männchen einer afrikanischen Wanzenart, die an Fledermäusen Blut saugen, haben ein raffiniertes Verfahren entwickelt, nahrhaftes Sperma zu erlangen. Diese Männchen, die ihren Weibchen recht ähnlich sehen, verleiten andere Männchen ihrer Art durch »weibliche« Verhaltensweisen dazu, sie zu begatten. Fallen sie darauf herein, können die gleichgeschlechtlich Begatteten das eiweißreiche Sperma auffressen. Zugleich schwächen sie die Kräfte ihrer Konkurrenten, die sich an ihrem Artgenossen verausgabt haben und sich so weniger erfolgreich an der »richtigen« Fortpflanzung beteiligen können oder gar mangels Spermavorrat ganz davon ausgeschlossen sind.

Der Verzehr von männlichen Geschlechtsprodukten ist keineswegs auf Insekten oder Gliederfüßler beschränkt. Beim südamerikanischen Spinnenaffen, einer in Promiskuität lebenden Art, kopuliert ein empfängisbereites Weibchen mit allen dazu bereiten Männchen ihrer Gruppe. Besonders in der nur zwei bis drei Tage währenden Empfängnisbereitschaft quillt ihre Scheide von Sperma förmlich über. Bei manch einer Kopula, die einer anderen unmittelbar folgt, kann ein Schwall von Sperma aus der Scheide herausgedrängt werden. Diese hochwertigen Proteine werden dann von Weibchen und Männchen aufgefressen.

Die Tricks der Silberfischchen

Springschwänze gehören zu den Urinsekten, sie leben schon seit mehreren Hunderten Millionen Jahren körperlich ziemlich unverändert auf der Erde. Daran gemessen sind sie also eine überaus erfolgreiche Art. Ihren Namen haben sie daher, daß sie sich springend fortbewegen, indem sie sich mit einer Springgabel am Hinterende ihres Rumpfes in die Luft schnellen, obwohl sie normalerweise ziemlich flink laufen. Diese am Boden lebenden Tiere vermehren sich ebenfalls, indem sie Spermatophoren absetzen. Diese sehen aus wie Kugellampen mit einem dünnen Stiel, sie bestehen aus einem Samentröpfchen, das an der Spitze eines senkrecht errichteten breitbasigen Stengels liegt. Von diesen Spermatophoren können die Männchen an einem Tag Dutzende an verschiedenen Stellen absetzen. Weibchen, deren Eier herangereift sind, laufen zu diesen Samenpaketen und nehmen die Tröpfchen mit ihrer Geschlechtsöffnung auf. Selbstverständlich stoßen auch umherlaufende Männchen auf die Spermatophoren. Sie prüfen diese auf ihr Alter, frische lassen sie unberührt, ältere verzehren sie.
Einige Arten von Silberfischchen – ebenfalls Urinsekten – sichern die Aufnahme ihrer frisch abgesetzten Spermatophore geradezu nach einem Wegelagererprinzip. Die Männchen eilen den Weibchen voraus und spannen auf dem vermuteten Weg der Auserwählten von einer Erhebung aus einen dünnen Faden schräg zum Boden herunter. Sofort anschlie-

ßend deponieren sie an der Stelle eine Spermatophore, an der das Weibchen durch den Faden zum Stehen gebracht wird. »Eigentlich« will das weibliche Silberfischchen mit erhobenem Schwanz am Männchen vorbeilaufen. Wenn es nun aber durch den Faden zum Halten gezwungen wird, senkt es seinen Hinterleib und nimmt – nach kurzem Suchen – die Spermatophore auf. Das Absetzen von Spermatophoren und deren Aufnahme durch geschlechtsreife Weibchen ist eine der Möglichkeiten, um die Geschlechter auf Distanz zu halten, den Vorgang der Befruchtung also anonym zu gestalten. Bei einigen Springschwänzen, z. B. dem Wasserspringschwanz, oder bei Molchen wird diese Anonymität nicht praktiziert. Hier treiben die Männchen ihre Weibchen geradezu an die Spermatophoren heran und dirigieren sie auch noch so, daß die Geschlechtsöffnung über die Spermatophore gerät.

Gemessen an dieser komplizierten Vorgehensweise wäre wahrscheinlich eine unmittelbare Begattung der einfachere Weg. Die Evolution hat den Weg der anonym aufzunehmenden Spermatophore jedoch unter anderen äußeren Bedingungen »erfunden«, als sie heute herrschen. Die Umwelt und die sich unter ihrem Druck weiterentwickelnden neuen Arten mit neuen Verhaltensweisen haben sich gegenüber der Zeit, als diese »Erfindung« gemacht wurde, geändert. Manchen neu entstandenen Arten bleib kein anderer Weg, als durch immer neue evolutive Schritte Anpassungen zu entwickeln, die mit der neuen Situation besser fertig werden. Zwar bildet sich in der Natur ein einmal entstandenes Merkmal oder eine einmal entstandene Verhaltensweise nicht auf demselben Weg zurück, auf dem sie entstanden sind. Durch unaufhörliche weitere Neukombinationen von Genen und Mutationen, vor allem aber durch Selektion können zunächst sehr sinnvolle Neuerwerbungen wieder verschwinden. Die rudimentären Organe und Verhaltensweisen vieler Arten sprechen hierfür. Für unsere vormenschlichen Vorfahren war es beispielsweise nützlich, die Ohren bewegen zu können, um eine Schallquelle gut zu orten. Die dafür notwendigen Muskeln wurden mit der Zeit immer überflüssiger und entwickelten sich weitgehend zurück. Immerhin gibt es noch heute Menschen, die dank der Reste dieser überflüssig gewordenen Muskulatur noch mit den Ohren wackeln können.

Wenn die Begattung lebensgefährlich wird

In der Klasse der Spinnen findet man eine Vielfalt von Methoden, die man geradezu als »Tricks« bezeichnen möchte, damit die bei einigen Arten sehr viel kleineren Männchen überhaupt zum Zuge kommen. Bei vielen Spinnenarten ist die Begattung riskant, kann sogar lebensgefährlich werden, weil die Weibchen ihre Männchen für Beutetiere halten.

Diese müssen sich deshalb unmißverständlich als Geschlechtspartner zu erkennen geben, die alles daransetzen werden, nicht verspeist zu werden. Bei Arten, die damit nicht erfolgreich sind, muß ein begattungsbereites Weibchen abgelenkt oder überlistet, manchmal sogar übertölpelt werden.

Bei *Wolfsspinnen* sind die Größenunterschiede nicht so erheblich. Da sie sehr gut sehen können, bietet es sich für die paarungswilligen Männchen an, sich optisch als Begatter anzukündigen. Mit ihren schwarz-weiß gemusterten Tastorganen fuchteln sie so lange und in immer wiederholten Anläufen in der Luft herum, bis die Weibchen aufmerksam werden. Zunächst halten die Männchen einen gebührenden Abstand, um bei plötzlichen Ausfällen eines Weibchens, die in solchen Situationen öfter vorkommen, nicht doch als Beute angesehen und erwischt zu werden. Wenn weibliche Wolfsspinnen überhaupt nicht begattungsbereit sind, resigniert das Männchen und zieht davon. Anderenfalls kommt es nach ein paar Attacken des Weibchens seinem Ziel näher.

Sobald die weibliche Spinne mit ihren Vorderbeinen zu zittern beginnt, ist die Gefahr vorbei, und die Begattung kann beginnen. Viele Wolfsspinnen – zu denen auch die Gattung der Taranteln gehört – zeigen dieses Verhalten so ausgeprägt, daß man hier von einer Balz sprechen könnte. Allerdings handelt es sich um eine unmittelbare Vorbereitung zur Kopulation und nicht um ein balzendes Anpreisen mit dem Ziel, erwählt zu werden oder gar eine länger dauernde Paarbindung einzugehen.

Krabbenspinnen, eine artenreiche Familie der Webspinnen, verlassen sich bei ihrer Orientierung nicht so sehr auf ihre Augen. Wie es sich im Namen ausdrückt, laufen sie wie Krabben gern seitwärts, beim Biß verwenden sie Gift, mit dem sie Beutetiere lähmen oder sogar töten können. Das bereitet den paarungsbereiten Männchen natürlich besondere Probleme, zumal sie ganz erheblich kleiner sind als die Weibchen. Mit fast zaghaft wirkender Vorsicht nähert sich ein paarungswilliges Männchen seiner großen Partnerin. Es schleicht sich förmlich an. Oft bemerkt das Weibchen den stets sehr argwöhnischen Artgenossen gar nicht. Dann kann ihm das Männchen sogar unbemerkt auf den Rücken krabbeln. Dort läuft es in verschiedenen Richtungen hin und her und spannt dabei kreuz und quer ziemlich derbe Fäden. Erst wenn das Weibchen auf diese Weise gefesselt ist, schiebt sich das Männchen unter den Bauch der Partnerin, um die Begattung zu vollziehen.

Zu den artenreichsten Familien der Webspinnen gehören die allbekannten *Radnetzspinnen.* Bei einigen von ihnen ist der Größenunterschied der Geschlechter bemerkenswert. Weil sie ihre Beute im Netz fangen, sind Radnetzspinnen sehr empfindlich, wenn sich das gesponnene Fadengebilde rhythmisch bewegt wie beispielsweise durch Beute, die in den Spinnenweben zappelt. Diese Sensibilität gegen Vibrationen machen sich die Männchen zunutze, indem sie an einem der äußeren

Fäden des Netzes in bestimmtem Rhythmus Schwingungen erzeugen. Das Zupfen an einem Außenfaden des Netzes oder dessen Betrommeln geschieht in einer für jede Art typischen Weise. So erkennt das Weibchen, daß es von einem Artgenossen, noch dazu von einem paarungswilligen Männchen ausgelöst wird. Dennoch ist dieses seiner Sache nie ganz sicher. Es hängt sich deshalb an einen selbstgesponnenen, isolierten Faden, mit dem es sich wie Tarzan an einer Liane im Zweifelsfalle aus der Gefahrenzone herausschwingen kann. Meist allerdings hilft schon das Trommeln an einem Außenfaden des Netzes, um das Weibchen begattungsbereit zu stimmen.

Löwen – eine Woche lang rund um die Uhr: Häufigkeit der Kopulation

Die Häufigkeit, mit der bei den einzelnen Arten kopuliert wird, hängt von vielen fortpflanzungsbiologischen Fakten einer Tierart ab, u. a. auch von der Dauer des Östrus (s. S. 49). Bei manchen pflanzenfressenden Savannentieren, wie etlichen Antilopenarten, sind die Weibchen nur für einen Tag im Östrus, Stachelschweine sind es sogar nur für zwölf Stunden. Bei anderen Arten, z. B. bei vielen Raubtieren, dauert diese Periode viele Tage. So können Löwen eine Woche und länger rund um die Uhr alle 15 bis 30 Minuten kopulieren und höchstens gelegentlich in der Nacht einmal zwei oder drei Stunden aussetzen.
Es ist nicht immer einfach zu erklären, warum bei manchen Arten so oft und bei anderen wiederum so selten kopuliert wird. An der Menge des Spermas kann es nicht liegen, werden doch bei jeder Ejakulation Millionen von Spermien aus-

gestoßen, bei Rinderartigen sogar Milliarden pro Ejakulat. Diese Mengen von Samenzellen in einem einzigen Erguß stellen einen Beitrag zur Variabilität der genetischen Neukombinationen dar. Immerhin sind in einem Ejakulat Spermien unterschiedlicher Qualität und unterschiedlichen Alters vorhanden, und ein gewisser Prozentsatz ist immer mißgestaltet, bewegungsunfähig oder in anderer Hinsicht defekt; eine andere Portion desselben Ejakulates ist überaltert. Möglicherweise sind einzelne Spermien auch noch sehr jung, weil ihre Produktion gewissermaßen auf Hochtouren lief, wenn sich zur selben Zeit viele brünstige Weibchen anboten und das betreffende Männchen viel kopulieren »mußte«.

Bei vielen Tierarten – z. B. aus der Familie der Katzenartigen, manchen Nagern, Bären, Maulwürfen und Spitzmäusen – wird der Eisprung erst durch die Kopulation ausgelöst. Man spricht dann von einer »Reflex-Ovulation« (Ovulation = Eisprung). Dieser Vorgang kann sich rein mechanisch durch die Beckenstöße und Umklammerung des Männchens vollziehen oder chemisch durch Hormone oder hormonartige Substanzen, die im Sperma enthalten sind. Weil es bei dieser Reflex-Ovulation mehrfach zur Paarung kommen kann, kopuliert oft nur ein einziges Männchen mit dem brünstigen Weibchen. Für dieses hat das den Vorteil, den sorgfältig erwählten Partner und nicht irgendeinen anderen als Vater des eigenen Nachwuchses zu bekommen. Für die männlichen Tiere ist dieses wiederholte Kopulieren mit einer Ausschaltung von Konkurrenten verbunden. Das sichert ihnen die Vaterschaft.

Es gibt Tierarten, die nur einmal im Leben kopulieren. Dazu gehören z. B. jene Spinnenarten und Gottesanbeterinnen, deren Männchen während oder sofort nach der Begattung von den Weibchen getötet und gefressen werden. Aber auch bei Aalen und Lachsen kommt diese sogenannte Semelparität (vom lateinischen semel = einmal und parere = gebären) vor. Die meisten Tierarten jedoch kopulieren mehrfach; diese »Iteroparität« (vom lateinischen iterum = erneut und parere = gebären) trifft z. B. für alle Säugetierarten zu.

Warum Affen masturbieren

Sind wenige Weibchen verfügbar, kann die Masturbation einen fortpflanzungsbiologischen Sinn bekommen. Sie kommt vor allem bei Affenarten vor. Im allgemeinen muß man Masturbation als eine Art Materialverschwendung besonders von hochwertigen Eiweißen ansehen. Das macht natürlich zunächst biologisch keinen Sinn. Auf der anderen Seite kann es aber sein, daß sich viel Sperma ansammelt und nicht durch Begattungen verbraucht wird. Dann kann in einem Ejakulat der Anteil überalterter Spermazellen groß sein. Durch Masturbation wird die Neuproduktion angeregt, und im Augenblick der Paarung, wenn ein Weibchen wieder zur Verfügung steht, sind dann sehr viele Spermien in einem günstigen Alter, also einer Phase sehr großer Vitalität vorhanden.

7. Probleme mit der Vaterschaft

Sicherung des männlichen Paarungserfolges

Funktion des Fortpflanzungsverhaltens ist das egoistische Streben, möglichst viele Nachkommen über möglichst viele Generationen hinweg zu erzeugen und das eigene Erbgut weiterzugeben. Selbstverständlich geschieht das absolut unbewußt. Deshalb sind auch alle Strategien, die dies Ziel verfolgen, nicht dem Willen oder der Absicht der an der Fortpflanzung beteiligten Individuen zuzuordnen. Die verschiedenen Fortpflanzungsstrukturen, die unterschiedlichen Formen der Paarung wie auch die Möglichkeit der Fortpflanzung ohne gezielte Paarung sind an anderer Stelle (s. S. 26 ff.) besprochen. Hier geht es um die Vielfalt der Strategien, mit denen der Paarungserfolg sichergestellt werden soll.
Wenn es im Zuge des Fortpflanzungsbestrebens gelungen ist, die Paarung zu vollziehen oder die Keimzellen auf andere Weise in für einander erreichbarer Nähe abzusetzen, bedarf es bei sehr vielen Arten komplizierter Maßnahmen, um den Begattungserfolg zu sichern bzw. die Voraussetzungen für eine Verschmelzung von Ei- und Samenzelle zu schaffen.
Bei einer Befruchtung im Inneren des Körpers ist die Mutterschaft eindeutig geklärt. Jede Mutter, deren Befruchtung in ihrem eigenen Körper stattgefunden hat, ist sicher, daß ihr eigenes Erbgut in diesem Nachwuchs enthalten ist. Für die Männchen gilt der seit der Antike bedeutungsvolle Satz: Pater semper incertus est – Vaterschaft ist nie sicher. Für das männliche Geschlecht ist die Chance, viele Nachkommen zu

haben, in mancher Hinsicht viel größer als für das weibliche. Männchen bringen fast immer unverhältnismäßig viel mehr Sperma als Weibchen Eizellen ins Fortpflanzungsgeschäft ein. Anders ist es allerdings bei manchen Fischen und anderen Wassertieren, denn diese Weibchen produzieren Millionen von Eizellen. Von der Regel der fast unbegrenzten Verfügbarkeit von Spermien bei geschlechtsreifen Männchen gibt es Ausnahmen. Einige Hundertfüßer beispielsweise produzieren jeweils nur wenige große Samenzellen. So ein in »Einzelanfertigung« hergestelltes Spermium erreicht sowohl im Vergleich mit Eizellen derselben Tierart als auch mit der eigenen Körpergröße ihrer Produzenten gewaltige Ausmaße. Widerhaken und rauhe Partien an der Oberfläche solcher Riesen-Samenzellen bewirken, daß sich diese im Geschlechtsapparat der Weibchen verhaken und damit – schon wegen ihrer Größe – anderen Spermien den Zutritt verwehren. Das erhebliche Investment in so materialaufwendige Samenzellen ist der Preis für die Absicherung der Vaterschaft.
Polygamie und insbesondere Polygynie sind im Tierreich sehr weit verbreitet (s. S. 20ff.). Die Aussicht eines Männchens, tatsächlich Vater zu werden, ist bei einer polygyn lebenden Art aber ganz unverhältnismäßig viel geringer als die Aussicht eines weiblichen Tieres, Mutter zu werden. Das hängt nicht nur mit dem sorgsamen Umgang des Männchens mit seinen Spermien zusammen, sondern auch mit der Absicherung des Kopulationserfolges. Mit Glück und bei großer Vitalität kann ein Männchen außerordentlich viele Nachkommen haben, ein Weibchen dagegen nur so viele, wie es auch Eizellen für die Fortpflanzung bereitstellen kann. Bei vielen Tieren spielt für die Anzahl der Nachkommen auch die Brut- oder Trächtigkeitsdauer des Weibchens eine Rolle. Es kann ganz gezielt geeignete Sexualpartner für seine Eizellen suchen. Und das pflegen weibliche Tiere auch auf verschiedene Weise zu tun, wie im Kapitel über die Werbung

deutlich gemacht wird. Männchen ohne große Möglichkeiten zur Partnerwahl kopulieren so oft und mit wem auch immer sie können. Das beschäftigt sie so sehr, daß sie keine Gelegenheit haben, eine geeignete Partnerin als Mutter und Betreuerin ihres Nachwuchses auszusuchen. Männchen polygyn lebender Arten können nicht einmal sicher sein, ob trotz vieler, häufiger, wiederholter und scheinbar durch Rivalen nicht gestörter Kopulationen überhaupt ein einziges ihrer Spermien zur Befruchtung gelangt. Deshalb haben sich die vielen Strategien entwickelt, die den Begattungserfolg auch für das einzelne Männchen garantieren sollen.

Auf Nummer Sicher: monogam leben

Eine relativ aussichtsreiche Möglichkeit, sich den Paarungserfolg und damit die Vaterschaft zu sichern, ist das Leben in strikter Monogamie. Ein Dikdikmännchen – Dikdiks sind Kleinantilopen in Afrikas Gras- und Baumsavannen – lebt mit seinem einzigen Weibchen in einem Territorium, das beide gegen Artgenossen vehement verteidigen. Oft lebt das nächste Dikdikpaar ohnehin weit entfernt, und bei der geringen Besiedlungsdichte kommt nur selten ein noch unverpaarter möglicher Geschlechtspartner in die Nähe eines lebenslänglich monogam lebenden Dikdikpaares. Dikdikmännchen können daher sehr sicher sein, auch die Väter des Nachwuchses ihrer Dauerpartnerinnen zu sein. Vergleichbares gilt für Adler oder Kraniche oder sogar für Schlangen- und Fischarten, die allein auf Grund ihrer geringen Besiedlungsdichte monogam leben.
Aus ökologischen Gründen benötigen manche Arten riesige Wohngebiete – beispielsweise, weil im unwirtlichen Gelände

wenig Nahrung vorhanden ist. Die Zentren der Wohngebiete von benachbarten Artgenossen, die um dieselbe Nahrung konkurrieren, liegen weit auseinander, was die Monogamie begünstigt, denn bei Arten mit solcher Lebensweise hat ein Männchen kaum Gelegenheit, überhaupt viele Weibchen zu finden. Diese sind dann eventuell bereits trächtig oder zu jung oder nicht empfängnisbereit oder bereits »in festen Händen«. Als »Trostpflaster« bleibt jenen Männchen, die sich aus diesen Gründen nicht mit mehreren Weibchen fortpflanzen können, wenigstens die große Wahrscheinlichkeit der tatsächlichen Vaterschaft. Bei Arten mit hoher Siedlungsdichte und polygamen Fortpflanzungsstrukturen steht ja für das einzelne Männchen nie fest, ob es trotz häufiger Kopulationen mit vielen Weibchen überhaupt einmal erfolgreich war, d. h. ein Weibchen befruchten konnte.

Ständig auf der Hut vor Konkurrenten: Ein-Mann-Polygynie

Ein wirklich starker Impalabock, der in Afrikas Savanne ein hervorragendes Territorium mit allen wünschenswerten Ressourcen an Nahrung, Tränke, Schatten, Deckung und Sicherheit vor Feinden erobern und verteidigen kann, hat gute Chancen, viele Weibchen in seinem Territorium lange halten zu können. In gewissem Umfang garantiert es ihm auch, Vater vieler Kitze zu sein, die er in seinem attraktiven Territorium zeugen kann. Freilich muß dieser Bock ständig auf der Hut sein, denn er steckt immer in einer gewissen Zwickmühle: Wenn er wirklich mächtig ist und ein großes Sexualterritorium mit vielen weiblichen Tieren kontrollieren will, muß dieses Gebiet von Weibchen auch wirklich bevorzugt werden. Dazu gehören beispielsweise dichtes Buschland oder Gehölze mit begehrten Schattenplätzen. Gerade in einer so unübersichtlichen Gegend können sich aber andere geschlechtsreife Männchen unbemerkt an brünstige Weibchen heranmachen. Deren Abwehr erweist sich oft als tagesfüllende, anstrengende Aufgabe.

Wir haben oft gesehen, daß ein Impalabock wütend und vehement einen anderen aus seinem Territorium vertreibt und dabei viel Zeit und Kraft aufwenden muß. Während dieser Absicherung seines Alleinanspruches auf das Territorium machen sich aus der in der Nähe stehenden Junggesellenherde ein paar stramme Böcke an die Weibchen heran. Der territoriale Bock kann jedoch nur einen der Eindringlinge zur Zeit vertreiben. In dieser Zeit haben dann ein paar andere Junggesellen freie Bahn.

Ein Straußenhahn ist mit zwei bis vier Hennen verpaart, die alle ihre Eier in ein gemeinsames Nest legen. Das erste Weibchen – also jenes, mit dem er zuerst kopulierte – bebrütet das Nest am Tage, der Straußenhahn selbst für ein paar Stunden in der Nacht. Die zweiten und weiteren Hennen, die ihre Eier in das gleiche Nest legen, haben sich um den Nachwuchs überhaupt nicht zu kümmern. Sie brauchen weder zu brüten noch später die große Anzahl der Jungen – es können weit über zwanzig sein – zu führen und zu beschützen. Der Straußenhahn kann nicht alle Weibchen unter ständiger Kontrolle halten. Es ist durchaus möglich, daß die eine oder andere Henne von einem fremden Hahn befruchtet wird, ihr Ei aber im Gemeinschaftsnest ausbrüten läßt.

Mechanisch oder auf chemischem Wege: besondere Praktiken

Selbst wenn ein Männchen erfolgreich geworben hat, sogar von einem Weibchen erwählt wurde oder bei der Begattung bevorzugt oft zum Zuge kommt, ist seine tatsächliche Vaterschaft noch keineswegs sicher. Das Sperma kann bei manchen Arten vom nächsten kopulierenden Artgenossen aktiv mechanisch wieder entfernt oder durch voluminöse Samenergüsse der nächsten Begatter fortgeschwemmt werden. Schließlich besteht bei mehreren Ejakulaten verschiedener Männchen zur etwa gleichen Zeit das Risikio einer Spermakonkurrenz. Dann hat jenes Männchen die größten Chancen auf Vaterschaft, das die lebenstüchtigsten, schnellsten Spermien gebildet hat. Um sich gegen solche »Übervorteilungen« abzusichern, gibt es ebenfalls verschiedene Möglichkeiten.

Bei einigen Schlanklibellen kann ein Männchen unmittelbar vor der Paarung fast alle Spermien eines Männchens, das vor ihm kopuliert hat, entfernen und durch eigenen Samen ersetzen. Wer zuletzt kommt, hat hier die besten Chancen!

Um Rivalen daran zu hindern, mit demselben Weibchen zu kopulieren, verschließen die Männchen mancher Tierarten die Geschlechtsöffnung der von ihnen begatteten Weibchen. Diese sogenannten »Begattungspfropfen« bringen vor allen Dingen Insekten zustande; sie kommen aber auch bei Würmern, Schlangen und sogar bei einigen Säugetieren wie Maulwürfen oder manchen Erdhörnchenarten vor.

In die hintere Harnröhre münden bei Säugetieren die paarig angelegten Cowperschen Drüsen. Genau wie die Vorsteherdrüse vergrößern sich diese in der Begattungszeit bei vielen Arten ganz erheblich und produzieren klebrige Sekrete. Diese verfestigen sich dann nach Beendigung der Begattung im Scheidenausgang des Weibchens zu einer gummiartigen,

harten und – für Kopulationsversuche folgender Männchen – unüberwindlichen Masse. Ein Maulwurf, der ein Weibchen begattet und danach auf diese Weise »versiegelt« hat, kann unbekümmert seiner Vaterschaft entgegensehen und sich auf den Weg machen, neue Weibchen zu begatten. So, wie sich innerhalb bestimmter Grenzen gegen jedes neue Angriffssystem eine geeignete Abwehrwaffe und gegen jedes Alarmsystem eine einfallsreiche Umgehung finden läßt, sind auch diese Begattungspfropfen keineswegs vor Zerstörung sicher! Sie gelingt z. B. vielen Nagetieren mit ihrem Penisknochen. Auch Ratten schaffen dies, und weil sie als Überlebenskünstler in Notzeiten nichts verkommen lassen, fressen die Männchen diese von ihren Vorgängern aufwendig hergestellten Pfröpfe auf und regenerieren damit zugleich einen Teil der Energie, die sie für die Zerstörung des alten und die Produktion eines neuen eigenen Pfropfens einsetzen mußten. Einen Begattungserfolg hat jenes Männchen, das seine Partnerin zuletzt verschließt, weil andere Mitbewerber zu schwach sind, den Pfropfen zu zerstören, oder keine Konkurrenten in der Nähe sind.
Die Absicherung des Begattungserfolgs gelingt aber nicht nur auf mechanischem Wege. Männliche Fruchtfliegen sichern ihren Begattungserfolg auf chemischem Wege, durch Geruchsstoffe. Diese Substanzen sondert das Männchen am Ende der Paarung ab, wodurch das Weibchen befruchtungsunfähig wird. Mit diesem Geruch wird anderen Männchen zudem signalisiert, es sei zwecklos, überhaupt eine Kopula zu versuchen. Wer zuerst kommt, der hat hier die besten Chancen!
In der Mückengattung Aedes, zu der auch die berüchtigte Überträgerin des Gelbfiebers, die Aedes aegypti zählt, produzieren die Männchen bei der Begattung einen Geruchsstoff, durch den die Empfängnisbereitschaft der Weibchen sinkt. Dieser als »Matron« bezeichnete, chemisch definierte Stoff

hilft dem zuerst begattenden Mückenmännchen, seine Vaterschaft zu sichern. Ähnliches ist sogar von der allgegenwärtigen Stubenfliege bekannt.
Eine besondere Form, den Begattungserfolg zu sichern, findet man bei einigen Krabben. Wenn eine männliche Schwimmkrabbe mit dem Geruchssinn wahrnimmt, daß sich eine Artgenossin häuten will, begibt sie sich zu ihr. Das Krabbenmännchen umklammert das Weibchen schon vor Beginn der Häutung und hilft später, den zu klein gewordenen, alten Panzer abzustreifen. Nur so lange, wie sich die neue Haut noch nicht zu einem Panzer verhärtet hat, ist eine Paarung möglich. Diese Zeit nutzt das Männchen und bleibt bei seiner Partnerin, bis deren neuer Panzer hart ist. Nun ist erst bei der nächsten Häutung des Weibchens eine neue Begattung möglich. Das Männchen weiß bis dahin sein eigenes Sperma im Weibchen gepanzert und sicher für eine Befruchtung der Eier. Auch hier gilt: Nur rechtzeitiges Kommen bietet Aussicht auf Vaterschaft.

Maikäfer schaffen's mit Geduld

Zu Beginn dieses Jahrhunderts kannte jedermann in unseren Breiten den Maikäfer. Wenn auch das Sexualleben dieses Frühlingsboten nicht in allen Einzelheiten bekannt war, so fanden doch Spaziergänger häufiger mal zwei Maikäfer, die mit ihren Hinterkörpern ineinander steckten. Die Kopula bei Maikäfern beginnt damit, daß das Männchen sich auf den Rücken des Weibchens setzt und seine Geschlechtsorgane mit denen des Weibchens vereinigt. Nun ist der Chitinpanzer dieser Käfer recht glatt, so daß sehr oft selbst die mit Widerhaken ausgestatteten Beine abgleiten und der Maikäfermann hintenüber auf den Rücken fällt. Manchmal wird er dann vom Weibchen hinter sich hergeschleift. Die hilflose Lage, in die Maikäfermännchen oder -weibchen dabei geraten, ist gewiß eine unangenehme Position für einen Käfer, der sonst ein sehr sicherer Krabbler ist. Aber das vermeintliche Mißgeschick hat den großen Vorteil, daß ein Männchen im Schlepptau der Maikäferin ihre Geschlechtsöffnung so verschließen kann, daß Konkurrenten keine Chance haben.

Gelbrandkäfer haben dieses Problem »besser« gelöst. Sie haben an den Spitzen ihrer Beine Saugnäpfe entwickelt, mit denen sie sich für die Dauer der Begattung an den glatten Chitinflächen des weiblichen Panzers festhalten können.

Dieses Prinzip, ein Weibchen so lange zu verschließen, bis der ejakulierte Samen die Eizelle erreicht hat, ist bei vielen Arten im Tierreich zu finden. Auch beim Haushund und allen wildlebenden Hundeartigen ist das »Hängenbleiben« nach der Begattung ein typisches Merkmal. Infolge einer Anschwellung des Penis vermag der Rüde nach erfolgreicher Begattung diesen zunächst nicht aus der Scheide der Hündin zu ziehen. Er steigt dennoch von der Hündin herunter, und beide hängen mit ihren Hinterteilen für eine Weile zusammen. Erst wenn die Schwellkörper nach einiger Zeit wieder erschlaffen, können sich die beiden Partner voneinander lösen.

Einige Beuteltiere halten sich etwa 24 Stunden mit einer einzigen Paarung auf, was ebenfalls eine gewisse Absicherung der Vaterschaft bedeutet. Aber man muß zugleich das Risiko bedenken, in dieser Situation als Maikäfer, Hund oder Beuteltier vor Freßfeinden nicht fliehen zu können. Wer Vater werden will, muß also lange durchhalten können!

Männliche Froschlurche klammern sich auf den Rücken ihrer Weibchen fest, um von dort die austretenden Eier sofort zu besamen. Das Festhalten erfolgt reflektorisch. Man spricht deshalb von einem Klammerreflex (wissenschaftlich: Amplexus). Fortgeschrittene Terrarienfreunde kennen die farbigen, giftigen Stummelfußfrösche aus Südamerika (zoologisch gesehen gehören diese übrigens zu den Kröten). Bei diesen Arten klammern sich nun die Männchen für mehrere Monate auf den Weibchen fest und lassen sich von ihnen zu den Laichplätzen an bestimmten Bergbächen tragen. Diese Unbequemlichkeit und der Totalverzicht auf eigene Fortbewegung sichert diesen Männchen bereits sehr früh die Vaterschaft.

Die Zwergmännchen von Tiefseefischen

Eine eigenartige Absicherung der Vaterschaft findet man bei den sogenannten Zwergmännchen, die mit ihren Weibchen zusammenwachsen. Man findet sie u. a. beim Tiefseefisch Edriolynchus, bei dem vergleichsweise wirklich zwergenhafte Männchen an der Bauchseite des großen Weibchens festwachsen. Ein Edriolynchus ist im weiblichen Geschlecht etwa sieben Zentimeter lang die Männchen erreichen nur 1,8 Zentimeter. Bei einem anderen Mitglied dieser Unterordnung, dem Riesen- oder Grönlandangler, werden die Weibchen sogar etwa einen Meter lang, und ihre anhaftenden Männchen bringen es nur auf etwa 8,5 Zentimeter Länge.
Zwergmännchen kommen auch noch bei einigen Würmern vor. Sie sitzen in der Bauchfalte der Weibchen und geben einen großen Teil jener Lebensäußerungen auf, zu denen die Weibchen fähig sind. Der Meereswurm Bonellia viridis zum Beispiel wird im weiblichen Geschlecht über 30 Zentimeter lang, seine Männchen sind dagegen nur ein bis drei Millimeter groß und dem weiblichen Wurm von außen angeheftet. Zwergmännchen existieren eigentlich nur noch als männliche Geschlechtsorgane mit ein bißchen Umhüllung. Viele brau-

chen keinen eigenen Darmkanal, kaum Sinnesorgane und so gut wie keine Möglichkeiten zur Fortbewegung, weil sie wie Parasiten auf ihren Weibchen angesiedelt sind. Diese Zwergmännchen können ihrer konkurrenzlosen Vaterschaft sicher sein, solange sie einzeln an ihren Weibchen hängen. Sie haben aber unter Umständen das Pech, mit mehreren Männchen gleichzeitig an einem Weibchen zu sitzen. Dann ist unsicher, welches Männchen nun zum Zuge kommt.

8. Brutpflege und Jungenaufzucht

Anonyme Elternschaft sowie Vater-, Mutter- und Elternfamilien

Jedes einzelne noch so unscheinbare Individuum von Arten, die sich geschlechtlich fortpflanzen, hat – um diese Binsenweisheit zu wiederholen – einen Vater und eine Mutter. Im Prinzip kann die Befruchtung einer Eizelle durch ein Spermium innerhalb oder außerhalb eines Körpers erfolgen. In welchem Umfang die Eltern sich um ihren Nachwuchs kümmern, ist überaus unterschiedlich. Das reicht von der völlig anonymen Elternschaft bis zur intensiven Fürsorge durch die sogenannten K-Strategen, von denen auf S. 139 ff. die Rede ist. Die anonymste Form, Nachwuchs in die Welt zu setzen, besteht darin, blindlings irgendwo Eier der Umwelt anzuvertrauen und irgendwo Spermien abzusetzen. Nach dem Prinzip Hoffnung müssen sich ein paar von diesen irgendwo treffen und vereinigen. Viele niedere Meerestiere wenden dieses Verfahren an. Die Befruchtung außerhalb des Körpers ist aber keineswegs auf niedrig organisierte, primitive Tiere beschränkt. Sie kommt auch bei hoch organisierten Klassen wie Fischen und Amphibien vor. Ganz so wahllos, wie es zunächst den Anschein hat, erfolgt die Abgabe der Keimzellen jedoch selbst bei den primitivsten Tierarten nicht. In gewissem Umfang sind die Vorkehrungen, daß Spermien und Eizellen aufeinander treffen, von der Zahl abhängig, in der sie produziert werden. Bei manchen Fischen, deren Leib prall mit Eiern gefüllt ist, reicht deren Zahl in die Millionen. Für den Zeitpunkt der Abgabe von Keimzellen ins Wasser spielen offenbar nicht selten Gerüche eine Rolle. Bei manchen Seetieren, z. B. bei Seeigeln, führen sie dazu, daß alle Individuen in einer Gegend gleichzeitig ihre Eier und ihr Sperma ins Wasser entlassen. Bei so großen Mengen besteht durchaus die Chance, daß zufällig ein paar Partnerzellen aufeinandertreffen.

Die Befruchtung außerhalb des Körpers zieht keineswegs automatisch eine anonyme Elternschaft nach sich. Bei vielen eierlegenden Fischen mit einer Befruchtung außerhalb des Körpers wird sogar eine besonders intensive Brutpflege betrieben. Viele gut bekannte und beliebte Aquarienfische liefern dafür anschauliche Beispiele. Da gibt es reine *Vaterfamilien,* bei denen ausschließlich das Männchen das Gelege überwacht und die Jungen führt. Dies findet man bei Labyrinthfischen, Stichlingen, aber auch bei Spritzsalmlern, Blau- und Sonnenbarschen oder – in der Klasse der Vögel – bei Nandu und Mornellregenpfeifer. In *Mutterfamilien* übernimmt das Weibchen allein diese Aufgaben, wie z. B. bei den meisten brutpflegenden Insekten, aber auch bei Auerhühnern und Kampfläufern oder bei den meisten afrikanischen Maulbrüterarten, z. B. Zwergbuntbarschen der Gattungen Apistogramma und Nannacara, unter Aquarianern sehr bekannte Namen. Schließlich kennt man auch *Elternfamilien,* bei denen sich beide Erzeuger um Gelege und Nachwuchs kümmern. Als Beispiele dafür lassen sich die unter Aquarianern als heikel bekannten, aber dennoch sehr beliebten Diskusfischarten anführen. Bei ihnen lösen sich die Eltern beim Befächeln und Sauberhalten des Geleges ab, vertreiben gemeinsam Eindringlinge und führen auch zusammen die Jungen. Säugetiere leben meist in Mutterfamilien; typische Elternfamilien sind nicht sehr weit verbreitet. Intensiv kümmern sich beide Eltern z. B. bei Krallenäffchen, Gibbons, Hundeartigen und Bibern um ihren Nachwuchs.

Auch bei Amphibien gibt es eine intensive Brutfürsorge. Ein

Musterbeispiel dafür stellt die Wabenkröte aus dem Orinoko-Amazonasgebiet in Südamerika dar. Vor der Eiablage umklammert das Männchen sein Weibchen und schwimmt mit ihm einen Looping. In dem Moment, wo die Bäuche beider Tiere nach oben zeigen, kann das Weibchen seine Eier dank der Schwerkraft auf den Bauch des Männchens entleeren. Dort werden sie besamt und landen dann mit Vollendung des Unterwasser-Loopings auf dem klebrigen Rücken des Weibchens. Dort bleiben sie haften. Rund um jedes Ei schwillt jetzt die Rückenhaut an, so daß die Eier in einer kleinen Vertiefung eingebettet sind. Diese Vertiefungen, die wie Waben wirken (daher der Name), werden durch Ausscheidungen aus der Haut, die schnell gerinnen, nach oben verschlossen. In diesen Klammern reifen aus den Eiern Kaulquappen heran, die jetzt schlüpfen können. Es gibt Arten, bei denen die Entwicklung noch weiter geht – bis die kleinen Kröten, die also auch das Kaulquappenstadium noch in den Waben auf dem mütterlichen Rücken durchlaufen, voll ausgebildet sind.

Auch für rein väterliche Brutfürsorge liefern die Amphibien Beispiele. Bei der europäischen Geburtshelferkröte, die zoologisch-systematisch übrigens gar nicht zur Familie der Kröten, sondern zu den sogenannten Altfröschen gehört, erfolgt die Eiablage an Land. Dabei umklammert das Männchen das Weibchen von dessen Rücken her. Die Eier treten in sogenannten Laichschnüren aus der weiblichen Geschlechtsöffnung aus und werden sofort vom Männchen besamt. Dann rutscht es auf dem Rücken des Weibchens so lange herum, bis es sich die Laichschnüre um seine eigenen Hinterbeine gewickelt hat. Danach spreizt es diese so lange und so stark, daß die Eischnüre nach oben rutschen und nun gürtelartig seinen Bauch umwinden. Das Weibchen verschwindet daraufhin und kümmert sich nicht mehr um die Eier. Das Männchen bleibt an Land und hält sich in feuchter Umge-

bung auf, bis die Kaulquappen schlupfreif sind. Erst dann werden sie vom Vater zu Wasser gebracht, wo ihre weitere Entwicklung ohne elterliche Fürsorge abläuft.
Froschlurche pflegen normalerweise die Befruchtung außerhalb des Körpers vorzunehmen. In unseren wenigen verbliebenen heimischen Tümpeln laichen die Weibchen der letzten Frösche und Kröten ihre Eier in langen Schnüren ab. Diese werden dann im Wasser von den Männchen besamt. Wie bei den meisten Amphibien findet danach keine weitere Brutpflege oder Fürsorge für die Jungtiere statt.
In Nordamerikas Westen leben Schwanzfrösche in sehr schnell fließenden Gebirgsbächen. Als Anpassung an die Strömungsgeschwindigkeit haben diese Frösche als einzige ihrer Unterordnung eine Entwicklung durchgemacht, die ihnen eine innere Befruchtung gestattet. Bei den Männchen dieser Art hat sich der Ring der Kloake zu einer Röhre umgebildet, die für die Begattung nach hinten ausgestülpt werden kann, um in die Kloake des weiblichen Tieres eingeführt zu werden. Die 30 bis 50 Eier werden im Inneren befruchtet. Aus klimatischen Gründen – die Wassertemperatur von nur vier bis fünf Grad Celsius verzögert die Reifung der Eier – werden sie aber erst Monate später abschnittsweise in kurzen Schnüren am Grunde des Flusses an festen Gegenständen wie Steinen oder Felsbrocken verankert. Die Eier sind natürlich der Gefahr ausgesetzt, fortgeschwemmt zu werden. Sehr viel größer wäre das Risiko unter diesen Umständen aber für das Sperma, so daß sich die Röhre als Anpassung an den Lebensraum erwiesen hat. Brutpflege oder Jungenbetreuung gibt es bei dieser Art nicht.
Interessanterweise ist die Befruchtung im Inneren des Körpers bei vielen Arten, die stammesgeschichtlich viel älter sind als die Frösche, zum Teil schon hochentwickelt. Über die innere Befruchtung bei Fischen haben wir am Beispiel der lebendgebärenden Zahnkarpfen an anderer Stelle (s. S.

91) berichtet, und die Befruchtung bei zoologisch-systematisch noch niedereren Kopffüßern beschrieben wir auf Seite 89.

Die lebend geborenen und daher auch durch innere Befruchtung gezeugten Jungfische der Zahnkarpfen erfahren keinerlei Jungenbetreuung. Im Gegenteil, die Mütter fressen sie unmittelbar nach der »Geburt«, wenn sie sie zu fassen bekommen. Seeschildkröten überlassen ihre Eier nach der Ablage in sandigen Küstenstreifen ihrem Schicksal. Tsetsefliegen bekommen insofern lebende Junge, als die Eier im Körper der Mutter reifen, sich verpuppen und exakt mit dem Ende der Verpuppung »geboren« werden.

Ob und in welchem Ausmaß Jungtiere versorgt werden oder sich selbst überlassen bleiben, hängt also nicht damit zusammen, ob sie durch innere oder äußere Befruchtung gezeugt wurden.

9. Masse oder Klasse?

Die r- und K-Strategie

Es gibt viele Faktoren, die Einfluß auf die Sexualität nehmen, obwohl sie keinen direkten Bezug zum Geschlechtsleben der Tierarten besitzen. Dazu gehören z. B. neben dem Sozialverhalten, der Siedlungsdichte und den Paarungsstrukturen auch die K- und r-Strategie, über die wir nachstehend kurz berichten.

Ein weiblicher Kabeljau legt bei Island – meist im Frühjahr – pro Laichsaison ein paar Millionen Eier. Große Exemplare kommen fast an zehn Millionen heran. Die männlichen Artgenossen entlassen in derselben Zeit und an den gleichen Laichplätzen Wolken von Sperma. Bei einem Höchstalter von 30 Jahren und einem Eintritt der Geschlechtsreife im fünften Lebensjahr produzieren sie so in 25 Jahren gewaltige Mengen an Eiern. Tatsächlich ist auch der Befruchtungserfolg nicht gering. Was aber mit ihren Keimzellen nach dem Ablaichen weiter geschieht, ist nicht Sache der Erzeuger. Mit der Produktion von Eiern und Spermien haben die Eltern ihre Pflicht getan. Der Nachwuchs muß sehen, wie er mit den Fährnissen des Lebens zurechtkommt, muß alle Fähigkeiten zum Leben angeborenerweise beherrschen: schwimmen, fressen, Feinde meiden, später auch Laichplätze finden. Kein Elternteil bringt den jungen Fischen etwas bei oder beschützt sie gar.

Ganz anders liegen die Dinge beim Elefanten. Nach 22 Monaten Tragzeit kommt ein Baby zur Welt, das fast nichts ohne

Hilfe oder gar Anleitung kann. Die Mutter zeigt ihm im Laufe vieler Jahre alles, was ein Elefant können und kennen muß, vom vielfältigen Gebrauch des Rüssels bis hin zur gehorsamen Einnahme eines bestimmten Platzes in der sozialen Ordnung der Familie. Nur alle paar Jahre bekommt eine Elefantenkuh ein Kind.
Würde nicht der Mensch eingreifen und den Kabeljau als Nahrungsquelle und den Elefanten wegen seines Elfenbeins töten oder beiden Arten ihren Lebensraum vernichten oder streitig machen, würde es genügen, wenn von zwei Kabeljaus genau wie von zwei Elefanten jeweils zwei Nachkommen übrig blieben. Sie hätten den Tod ihrer Eltern zu kompensieren – damit die Anzahl der Kabeljaus und der Elefanten unverändert bliebe. Dabei vermutet man als Unbefangener, daß jede dieser beiden Methoden doch sehr erfolgreich sein müßte. Mit Masse und/oder mit Klasse müßten doch unterschiedliche Erfolge beim Fortpflanzungsgeschäft zu erzielen sein. Jede Art müßte doch den Stein der Weisen für sich gefunden haben, um ihre eigenen »egoistischen Gene« zu verbreiten. Und auch die »Kompromißbereiten«, die nicht so viel Masse produzieren und nicht so aufwendig auf Klasse bedacht sind, müßten doch eigentlich erfolgreicher sein als die Rechnung 1+1=2. Müßten? Es bestätigt sich offenbar auch hier, daß viele Wege nach Rom führen. Die Art und Weise, wie der Nachwuchs später versorgt wird, hat einen gewaltigen Einfluß auf das von Art zu Art so unterschiedliche gesamte Fortpflanzungsverhalten. Zwischen dem anonymen Ausstoß großer Mengen von Eizellen und Spermien einerseits und der sorgfältigen Verwertung nur weniger Eizellen und gezielter Partnerwahl andererseits gibt es alle denkbaren Zwischenstufen. Arten wie der Kabeljau, deren Nachwuchs sich sofort allein versorgt, können auf eine Partnerwahl ganz verzichten, zumal sie ja nicht einmal während der Verschmelzung ihrer Keimzellen zusammenkommen und

erst recht nicht zusammenleben. Arten wie der Elefant, deren Junge einer intensiven und langdauernden Betreuung bedürfen, müssen eine ganz besonders sorgfältige Auswahl des Sexualpartners treffen.

Die Biologen sprechen in diesem Zusammenhang von einer r-Strategie und einer K-Strategie. In der Tabelle auf S. 144 sind die wichtigsten Unterschiede zwischen diesen beiden Strategien aufgeführt.

Die Bezeichnung *r-Strategie* leitet sich vom Begriff »rate« des berühmten englischen Volkswirtschaftlers Thomas Robert Malthus her. Nach seiner – im 18. Jahrhundert aufgestellten – Theorie wächst die Menschheit schneller, als Nahrungsmittel für sie verfügbar sind. Außer dem Buchstaben »r« hat Malthus allerdings nichts zu dem Thema der Fortpflanzungsstrategien beigetragen.

Weibchen der r-Strategen erzeugen große Mengen von Eizellen. Das ist bemerkenswert, weil sonst die Massenproduktion von Keimzellen bei Männchen üblich ist. Meist setzen r-Strategen geradezu explosionsartig auf einen Schlag und mit geringem Aufwand körperlich meist kleine, schon bei der Geburt selbständige Nachkommen in die Welt. Um diese müssen sie sich überhaupt nicht mehr kümmern, und häufig begegnen sie ihnen nie im Leben. Viele besonders ausgeprägte r-Strategen leben im Wasser, dem sie ihre Geschlechtszellen anvertrauen; das trifft beispielsweise für Schnecken, Muscheln und Fische zu. Oft sind r-Strategen Pflanzenfresser, wie etwa bei den Säugern die Nagetiere oder unter den Insekten die Wanderheuschrecken und Blattläuse.

Es gibt allerdings auch Insekten, die mehr zur *K-Strategie* neigen, wie z. B. die Pillendreherarten. Dies bedeutet, daß sie jedes Ei einzeln versorgen. Manche Fruchtfliegen oder Schlupfwespen bringen auch jeweils nur ein Ei – oder höchstens einige wenige – so geschickt in einer Frucht oder einer anderen den Lebensunterhalt garantierenden Umgebung

unter, daß die Entwicklung eines einzelnen Eis erfolgreich verlaufen kann.
Keineswegs ist die Menge der Nachkommen das einzige, vielleicht noch nicht einmal das wichtigste Kriterium für die Unterscheidung dieser beiden Strategien. Deshalb sind die häufig gehörten Bezeichnungen »Mengenstrategen« für den r-Typ und »Sorgfaltsstrategen« für den K-Typ nicht ausreichend, um zu charakterisieren, welche Strategien dahinterstehen.
r-Strategen sind früh geschlechtsreif, sie haben meist eine kurze Trag- oder Bebrütungszeit. Häufig finden sie sich in ganz verschiedenen Lebensräumen zurecht und sind daher auch keine Nahrungsspezialisten. Gegen Naturkatastrophen wie Dürren, Überflutungen oder Kälteeinbrüche sind sie allerdings sehr empfindlich; in solchen Situationen kommt es meist zu einem Massensterben. Die wenigen, die solche Katastrophen überleben, vermehren sich aber sehr schnell wieder. Dagegen haben die K-Strategen wenig Nachwuchs, und sie müssen ihn lange und mit Sorgfalt behüten. Bei später Geschlechtsreife haben sie eine lange Trag- oder Brutzeit, eine oft sehr lange Aufzuchtperiode, an die sich eine lange Jugendzeit anschließt, in der die Jungen noch nicht geschlechtsreif sind. Zwischen den einzelnen Würfen oder Bruten liegt oft eine sehr lange Zeit. K-Strategen brauchen in ihrer Umwelt eine gewisse Stabilität, zumal sie oft Nahrungsspezialisten sind, die eine Vernichtung ihrer begrenzten Futterquellen nicht überleben. Die Kindersterblichkeit ist gering, weil sich die Mütter, manchmal auch beide Eltern oder gelegentlich andere Verwandte mit großer Intensität um das Überleben des Nachwuchses kümmern. r-Strategen kümmern sich nicht um ihren Nachwuchs, haben daher auch durch elterliches Investment keinen Einfluß auf deren Überleben.
Aus diesen Schilderungen wird klar, daß Fortpflanzungsstrukturen und Jungenaufzuchtsstrategien in einem sehr

engen Verhältnis zueinander stehen. Eine reine r-Strategie macht jene intensive elterliche Fürsorge, wie sie in der Monogamie möglich ist, geradezu überflüssig. Deshalb gibt es auch keine Arten, die nach der r-Strategie verfahren und zugleich eine monogame Fortpflanzungsstruktur haben.

Umgekehrt kommt der K-Strategie die Fortpflanzungsstruktur der Monogamie natürlich entgegen, weil sich hier gleich zwei Eltern um wenig Nachwuchs kümmern können. Soziale Lebensformen können – müssen aber nicht – der K-Strategie förderlich sein. Wenn sich jeweils eine Mutter innerhalb eines Sozialverbandes nur um ein Kind oder wenige Nachkommen gleichzeitig kümmern muß, ist das eine gute Voraussetzung für die K-Strategie. Das gleiche gilt bei gesellig lebenden Tieren für geschlossene Gruppen, in denen sich alle Individuen untereinander kennen – wie etwa in einem Wolfsrudel oder einer Bisonherde. Weniger günstig für die K-Strategie sind offene, anonyme Gruppen wie etwa ein Herings- oder ein Heuschreckenschwarm.

Arten, die sich nach der r-Strategie vermehren, sind nicht so sehr auf die »richtige« Partnerwahl angewiesen – vielfach überhaupt nicht, weil es der Zufall übernimmt, daß Nachkommen entstehen, die eine große Fitneß zum Überleben und zur Weitergabe ihres Erbgutes besitzen. K-Strategen vertrauen nicht auf den Zufall, sondern suchen individuell und gezielt den »richtigen« Partner, weil er dem kostbaren eigenen Erbgut etwas Wertvolles entgegenzusetzen hat und damit die Fitneß der Nachkommen begünstigt. Fischen, die Millionen von Eiern den Millionen von Spermien verschiedener männlicher Artgenossen aussetzen, stehen Säugetieren gegenüber, die ihre Partner mit größter Sorgfalt auf Eignung als Fortpflanzungspartner prüfen.

Beispiele für die Unterschiede zwischen r- und K-Strategie		
	r	**K**
Zeit- und Energieaufwand bei Werbung, Paarung und Jungenaufzucht	gering	groß
Zahl der Nachkommen pro Fortpflanzungsperiode	groß	klein
Körpergröße	meist gering	meist groß
Eintritt der Geschlechtsreife	früh	spät
Anzahl der Eizellen	groß	gering
Dauer der Trächtigkeit, Brutdauer	kurz	lang
Intervall zwischen Geburten (Eiablage)	kurz	lang
Jungensterblichkeit	groß	klein
Bei Säugern Dauer der Stillzeit	kurz	lang
Dauer der Eltern-, Helfer-, Sozialverbandsfürsorge	kurz	lang
Widerstandsfähigkeit gegenüber Naturkatastrophen, Dürre, Nahrungsmangel, Feindvermeidung und Verteidigungsfähigkeit	gering	groß
Beispiele	Auster Karpfen	Elefant Nashorn

10. Wie Tiere Paarung unter Verwandten umgehen

Inzestvermeidung

Angeborene Eigenschaften erhält jedes Individuum durch dominante oder rezessive Vererbung von seinen Vorfahren. Wir haben das in Kap. 1 geschildert und wollen hier nur zum besseren Verständnis ein paar Einzelheiten wiederholen. Im *dominanten* Erbgang genügt zur Ausprägung eines Erbmerkmales ein dominantes Gen oder eine Gruppe dominanter Gene. Zum Auftreten brauner Augenfarbe beim Menschen z. B. kommt es durch dominantes Erbgut. Dieses kann von der Mutter *oder* vom Vater stammen. Die vom anderen Elternteil eingebrachten rezessiven Anlagen für blaue Augenfarbe werden unterdrückt. Bei *rezessivem* Erbgang dagegen sind zwei gleiche Gene oder Gruppen je zweier gleicher Gene zur Ausbildung des Merkmales verantwortlich. Blaue Augen als rezessiv ererbtes Merkmal kann nur ein Mensch haben, wenn Mutter *und* Vater dasselbe Erbgut für dieselbe Augenfarbe weitergeben.

Verwandte sind einander infolge einer Häufung gleichartigen Erbmaterials, das von denselben Ahnen stammt, sehr ähnlich. Wenn sie sich untereinander fortpflanzen, erhöht sich die Wahrscheinlichkeit, daß bei ihren Nachkommen immer mehr gleiche Eigenschaften auftreten. Dadurch können sowohl günstige wie auch ungünstige Eigenschaften für das Überleben von Generation zu Generation häufiger werden. Wir schildern diese Erbgänge hier stark vereinfacht. In der Realität sind Merkmale und Eigenschaften nur selten an ein

einziges Gen gebunden, sondern fast immer an Kombinationen von Genen, ganze Gengruppen oder sogar Abschnitte von Chromosomen. Unsere Vereinfachung soll hier nur das grundsätzliche Prinzip bei solchen Erbgängen veranschaulichen.
Bei der Fortpflanzung von nicht miteinander verwandten Individuen verdrängen immer wieder dominante Gene von nicht miteinander verwandten Vorfahren jene Merkmale, die rezessiv vererbt werden und sich unter Verwandten häufen. Deswegen sind diese einander auch so ähnlich, denn je öfter solche rezessiv vererbten Merkmale unter Verwandten auftreten, desto geringer ist die Chance, sie durch »Dazwischenfunken« dominanter Gene zu verdrängen. Natürlich können auf diese Weise günstige Eigenschaften unter Verwandten konzentriert werden. Aber es können auch nachteilige Eigenschaften immer häufiger werden. Man denke nur beim Menschen an ausgesprochene Musikerfamilien einerseits, aber auch an Bluterfamilien andererseits.

... und plötzlich ist da ein Albino

Wir wollen die Frage der Häufung bestimmter Merkmale durch Inzucht an einem einfachen Beispiel aus der Tierwelt erläutern. Gelegentlich tauchen – auch in freier Wildbahn – sogenannte Albinos auf. So kann eine normalgefärbte Giraffe plötzlich ein weißes Junges bekommen, dem die Farbstoffe der »normalen« Giraffe fehlen. Die Eigenschaft des Albinismus wird rezessiv vererbt, das bedeutet: Ein Albino-Individuum muß vom Vater und von der Mutter gleichzeitig das Erbgut für Albinismus bekommen, um tatsächlich als Albino zur Welt zu kommen. Stammt das (rezes-

sive) Erbgut für Albinismus von nur einem Elternteil und trifft mit (dominanten) Erbanlagen für normale Färbung zusammen, ist das neue Giraffenjunge normal gefärbt. Allerdings wird es das Erbgut für Albinismus weitergeben können. Diese Färbungsanomalie ist für Wildtiere meist nachteilig. Sie können so z. B. leichter von Freßfeinden entdeckt werden. Manche Albinos erleiden Schäden durch die Sonne, besonders an den Augen, weil der Augenhintergrund nicht durch eine farbige Netzhaut oder ein undurchsichtiges, von dunklen Wimpern überschattetes Lid geschützt wird.
Trotzdem überleben hin und wieder Albinos bis ins geschlechtsreife Alter und pflanzen sich fort. Die Wahrscheinlichkeit, daß sie wiederum albinotische Nachkommen zeugen, ist sehr gering, weil der andere Elternteil höchstwahrscheinlich dominantes Erbmaterial für normale Fellfärbung beiträgt. Immerhin könnte eine albinotische Mutter mehrere normalgefärbte Kinder bekommen, die das rezessive Erbgut für Albinismus tragen. Ebenso kann ein albinotisches Männchen Junge zeugen, deren rezessives Erbgut zu albinotischem Nachwuchs führen kann, wenn es bei einem Sexualpartner auf die gleiche Gen-Konstellation trifft. Würden sich zwei albinotisch geborene Verwandte untereinander fortpflanzen, bekämen sie stets albinotischen Nachwuchs, denn sie haben in ihren Keimzellen ja homozygotes Erbgut, können also nur Albinos zeugen. Aber auch bei normal gefärbtem Nachwuchs würde durch Inzucht die Zahl der Träger des rezessiven Erbgutes für Albinismus steigen – und damit auch die Wahrscheinlichkeit, daß bei der Fortpflanzung von solchen Elterntieren das für den Albinismus »zuständige« Erbgut zusammenkommt. Es würden Individuen entstehen, die homozygot Erbgut für Albinismus weitergeben könnten. Bei heterozygoten Albinos in einer nicht eng miteinander verwandten Population wäre ja die Hälfte aller Keimzellen nicht mit der albinotischen Komponente belastet. Albinismus kann aus diesen

Verwandtengruppen endgültig wieder verschwinden, wenn Geschlechtspartner aus nicht verwandten Linien zusammentreffen, in denen der Albinismus nicht vorkommt.
Durch Inzucht können natürlich auch in der Reihe der Nachkommen gehäuft »nützliche« Eigenschaften auftreten. Darauf beruht ja beispielsweise die Herauszüchtung bestimmter erwünschter Merkmale bei Haustieren. In freier Natur aber ist Inzucht wegen der Risiken, nachteilige Eigenschaften unter den Nachkommen zu konzentrieren, per saldo ungünstig.
Im südlichen Afrika imitieren manche Farmer mit großem Grundbesitz die »freie Wildbahn« – oder das, was sie sich darunter vorstellen. Sie errichten sogenannte Wildfarmen (Game-ranches). Bei dem Ehrgeiz, eine möglichst große Artenvielfalt zu halten, lassen sich strenge Management-Maßnahmen nicht vermeiden. Wildsichere Zäune gehören zum Beispiel dazu. Diese verhindern aber, daß Tiere von außen, ja sogar von Nachbarfarmen, einwandern können und damit eine halbwegs natürliche Fluktuation des Erbmaterials, eine sogenannte »Blutauffrischung«, bewirken könnten. So geraten dann die zwar »frei« gehaltenen, aber doch eingezäunten Farmtiere in die genetische Isolation.
Immer häufiger gelangen Tiere zur Fortpflanzung, die zunächst weitläufig, später immer näher miteinander verwandt sind. Auf diese Weise häufen sich unter diesen Farmtieren bestimmte Negativ-Eigenschaften, wie Infektanfälligkeit, Lebensschwäche, Stoffwechselstörungen, andere Krankheiten und Verhaltensanomalien.
In wirklich »freier« Wildbahn wären solche Individuen schnell – meist, bevor sie sich selbst fortpflanzen können – von der Natur eliminiert. Der Farmer aber, der verwandte Tiere daran hindert, einander durch Wanderungen aus dem Wege zu gehen, ermöglicht Inzuchtgeschädigten künstlich Überlebenschancen. Einige der Inzuchtfolgen sind bei diesen »frei« gehaltenen Gattertieren schon auf den ersten Blick zu

erkennen. So gibt es bei Springböcken Schwärzlinge, oder es kommen Albinos vor, wie etwa die berühmt gewordenen »weißen Löwen von Timbavati«. Auch Hornträger mit Anomalien ihrer Stirnwaffen durch Inzucht sind auf südafrikanischen Wildfarmen durchaus bekannt.
Fortgesetzte Inzucht kann durch Häufung von Anomalien unter Umständen zu nicht mehr lebensfähigem Nachwuchs führen. Deshalb haben sich unzählige Verhaltensweisen herausgebildet, die auf eine Vermeidung von Inzucht abzielen. Allerdings gibt es auch viele Tierarten, bei denen dies überhaupt keine Rolle spielt. Dazu gehören ausgesprochene r-Strategen, wie etwa Karpfen und Austern, aber auch sehr wenig seßhafte Arten, die einander in ihren riesigen Streifgebieten nur äußerst selten begegnen. Beispiele dafür sind unsere europäischen Wildkatzen und andere Katzenartige und etwa Adler.
Jene r-Strategen, die anonym große Mengen von Nachkommen erzeugen, haben keine Möglichkeit, die Verbindung von nahen Verwandten zu verhindern. Die r-Strategen »lassen es darauf ankommen«, daß sich ihre Nachkommen untereinander oder vielleicht sogar mit den Eltern paaren, wobei Nachwuchs mit ungünstigen, vielleicht das Überleben behindernden Eigenschaften gezeugt werden könnte. Solche Tiere fallen dann natürlichen Auslesevorgängen der Natur zum Opfer.

Abschied oder Rausschmiß

Auch weitgehend solitär lebende, nicht ortsgebundene Tierarten haben weniger Strategien nötig, Inzucht zu vermeiden, als besonders sozial lebende. Bei diesen besteht die häufigste

Methode, Inzest zu umgehen, einfach darin, daß Jungtiere aus einem Sozialverband ausscheiden, sobald sie geschlechtsreif werden. Entweder verlassen sie die Familien aus eigenem Antrieb, oder sie werden herausgetrieben. Bei einigen Tierarten, z. B. bei Löwen, Elefanten oder Zebras, sind es die männlichen Tiere, die den Familienverband verlassen. Bei anderen Arten hingegen, wie z. B. Afrikanischen Wildhunden, müssen die Weibchen in die Fremde ziehen, um selbst zur Fortpflanzung zu kommen.

Wenn sie ihr Geburtsrudel nicht verlassen, bleibt ihnen nur eins: Sie helfen mit, den Nachwuchs des dominanten Paares ihres Rudels zu versorgen.

Wenn das Ausscheiden aus dem Mutter-Kind-Verband unter Zwang erfolgt, sind es oft gleichgeschlechtliche Mitglieder des eigenen Sozialverbandes, die geschlechtsreif gewordene Artgenossen mit Drohungen und körperlichen Angriffen herausprügeln. Es ist ebenso möglich, daß heranwachsende Jungtiere von sich aus Streit mit den gleichgeschlechtlichen Erwachsenen bekommen und den mütterlichen Sozialverband verlassen, weil ihnen der ständig anwachsende Ärger nun »reicht«.

Für die ausscheidenden Jungtiere mancher Affenarten gibt es drei verschiedene Möglichkeiten, ihr Leben zu gestalten.

Bei manchen Paviangruppen suchen die aus dem Familienverband ausgeschiedene fast erwachsenen Jungtiere sofort Anschluß an eine andere Gruppe, meist in der Nachbarschaft. Allerdings können sie manchmal auch ein Stück weiter wandern, ehe sie sich mit anderen Gruppen zusammentun. Die Eingliederung geschieht nicht schlagartig, vielmehr müssen die Neuankömmlinge in einer Gruppe die »Ochsentour« auf sich nehmen und sich »von der Pike auf« langsam die Anerkennung als Mitglied des neuen Sozialverbandes erwerben. Wir haben oft in verschiedensten Gegenden Afrikas Paviangruppen beobachtet, sowohl Gelbe Babuins als auch Anubis-und Tschakmapaviane, die uns dafür Beispiele lieferten. Die »Anwärter« oder »Antragsteller« auf Mitgliedschaft in einer geschlossenen Paviangruppe findet man immer am Rande des Trupps. Je neuer sie sind, desto scheuer sind sie gegenüber den Etablierten. Sie benehmen sich unterwürfig, d. h. sie weichen einem sich nähernden Truppmitglied bereitwillig aus – fast wirkt es höflich. Sie versuchen, sich bei rangniederen Artgenossen einzuschmeicheln, indem sie diese groomen, wie man die gegenseitige Haut- und Fellpflege aus sozialen Gründen nennt, oder bei Streit in der Gruppe sogar beschützen.

Ausscheidende Halbwüchsige anderer Paviangruppen bleiben über längere Zeit ganz allein auf sich gestellt. Wir haben vielfach solche Einzelgänger – meist nicht allzuweit von einem festgefügten Trupp entfernt – angetroffen und sie über viele aufeinanderfolgende Tage stets allein gesehen. Sie führen ein Einzelgängerleben, bis sie sich eines Tages – jetzt auch körperlich ganz erwachsen und im Vollbesitz ihrer Kräfte – an eine Gruppe anschließen. In diesem Fall brauchen sie sich dann nicht langsam zu einer sozialen Stellung emporzuarbeiten, die ihrem Status entspricht. Sie erwerben mit dem Eintritt in die Gruppe gleich einen entsprechend höheren Rang in der Hierarchie.

Die dritte Möglichkeit schließlich zeigen uns die Husarenaffen, die sich nach dem Ausscheiden aus ihren Mutterfamilien zu Junggesellentrupps zusammenschließen. Diese Methode ist bei vielen Tierarten, besonders bei Säugetieren, ausgeprägt. Weil sie Gruppen bilden, fallen sie eher auf, und ihre Sozialstruktur als Verband von Halbwüchsigen erkennt man leicht daran, daß alle dem gleichen Geschlecht angehören. Fast immer sind es Männchen, die aus ihren mütterlichen Familien vertrieben wurden und dann diese Junggesellengruppen gründen. Diese drei Möglichkeiten, die hier an Bei-

spielen der Affen aufgezeigt wurden, findet man in der gesamten Tierwelt wieder.
Es ist zwar nie ganz auszuschließen, aber meist höchst unwahrscheinlich, daß Tiere, die ihre Ursprungsfamilien verlassen haben, später sexuelle Kontakte mit ihren Verwandten aufnehmen. In den meisten dieser Verbände, bei denen geschlechtsreife Tiere ausscheiden, kennen sich alle Individuen untereinander. Tiere, mit denen die einzelnen Individuen groß geworden sind – seien es nun Geschwister, Eltern, Onkel, Tanten oder Vettern und Kusinen 1. Grades –, haben bei den meisten Arten wenig sexuelle Attraktivität. Es kann vorkommen, daß ein Junggeselle auf der Suche nach einem Geschlechtspartner, nach einem Harem oder in einer Junggesellengruppe auf Verwandte stößt. Er wird sie in vielen Fällen individuell wiedererkennen, und das allein ist bei vielen Arten eine Hemmschwelle für die Aufnahme sexueller Beziehungen.

Auf und davon mit einem jungen Hengst

Unter den sozialen Organisationsformen, in denen Inzucht vermieden wird, ist für weibliche Tiere die Praxis interessant, sich abhängig vom Alter in unterschiedlicher Intensität als Geschlechtspartnerin anzubieten, um aus der mütterlichen Familiengruppe »entführt« zu werden. Ein Beispiel dafür bieten die Steppenzebras. Junghengste verlassen bei Eintritt der Geschlechtsreife ihre mütterliche Familie im Alter von eineinhalb Jahren aus freien Stücken und ohne dabei besondere Verhaltensweisen zu zeigen. Sie finden das Junggesellenleben attraktiver. Ihr Auszug aus der Familie erfolgt oft sogar gegen den Widerstand des Hengstes. Er möchte auch jene Junghengste bei seiner Herde halten, die eigentlich bereits geschlechtsreif sind und schon manchmal eben erwachendes sexuelles Interesse an weiblichen Familienmitgliedern zeigen. Die Junghengste verschwinden jedenfalls, ohne vom Vater herausgeprügelt zu werden. Oft kommen sie nach ein paar Tagen oder Wochen noch einmal für einige Tage in den Familienverband zurück, ehe sie sich dann endgültig locker einer Junggesellengruppe anschließen.

Anders ist es bei den Stuten. Ein Zebraweibchen zeigt seine erste Rossigkeit der gesamten Umwelt durch sehr auffälliges Verhalten an. Es steht breitbeinig, hebt den Schwanz, zeigt das sogenannte Rossigkeitsgesicht mit vorgehaltenem Kopf, geschürzten Lippen und Zeigen der Zähne bei leicht geöffnetem Maul. Solche Annoncen der Geschlechtsreife sehen Junggesellenhengste auf große Entfernung. Und sie sollen es sehen! Denn die junge Stute will entführt werden. Es gibt dann oft noch einen Kampf zwischen dem Entführer und dem Familienhengst, der seine fast erwachsene Tochter nicht hergeben will. Aber er hat da schlechte Karten. Im Zweifelsfall kann er ein oder zwei junge Hengste noch durch einen Kampf abwehren, bei dem dritten jedoch reichen die Kräfte nicht mehr, und die Stute geht mit dem jungen Hengst auf und davon.

Dieser Junghengst kann sich aber der »Treue« der soeben von ihm entführten Stute noch nicht unbedingt sicher sein. Sie duldet zunächst noch nicht einmal die Paarung. Manchmal bleibt ein Hengst nach Abklingen des Östrus mit dieser Stute zusammen, ohne zum Zuge gekommen zu sein. Er muß trotzdem damit rechnen, sie bei ihrer nächsten Rossigkeit, die sie ähnlich auffällig signalisiert, an einen anderen Junggesellen oder auch einen Familienhengst zu verlieren. Erst wenn die Stute das erste Mal mit einem Hengst kopuliert hat, wird daraus meist eine dauerhafte Verbindung. Handelt es sich bei diesem Hengst um einen Junggesellen, gründet sie mit ihm eine neue Zebrafamilie. Schließt sie sich einem älteren, etablierten Familienhengst an, gehört sie von nun an zu dessen Familie. Im ersten Fall wird sie die Leitstute des neuen Familienverbandes, im anderen Fall nimmt sie in der Rangordnung der Stuten in ihrer neuen Familie die letzte Stelle ein. Einmal in eine Familie integriert – also entweder als einzige Stute des neuen Verbandes oder als zuletzt hinzugekommene in eine größere, bereits bestehende Familie – unterläßt die Stute die Auffälligkeiten bei Eintritt ihres nächsten Östrus. Es macht jetzt keinen Sinn mehr, dies der Zebrawelt kundzutun. Sie will nicht mehr entführt werden, und sie hat ihre Wahl für ihren Lebenspartner getroffen. Stuten, die bereits ein Fohlen haben und in eine Familie eingebunden sind, zeigen höchstens auf der Höhe des Östrus für ein oder zwei Tage gelegentlich ein leichtes Rossigkeitsgesicht. Ansonsten brauchen sie ihre Paarungsbereitschaft nicht besonders anzuzeigen. Der Familienhengst kontrolliert ohnehin bei jeder seiner Stuten den Harn auf Befruchtungsfähigkeit.

Dieses Sexualverhalten, das sich im Laufe des Lebens einer Zebrastute erheblich ändert, steht letztlich auch im Dienste der Inzuchtvermeidung. Das auffällige Gebaren bei den ersten Rossigkeiten verhindert eine Kopulation der Jungstute mit dem eigenen Vater, weil das Rossigkeitsverhalten andere Hengste anzieht. Diese verwickeln den Vater in Kämpfe und sind ohnehin für die Jungstute attraktiver als der ihr seit frühen Kindheitstagen vertraute Vater.

Die allgemeine Vorstellung, daß eine Zebrafamilie aus Stuten, deren Töchtern, Enkelinnen und Urenkelinnen besteht, ist zu klischeehaft. Alle Nachkommen der vom Hengst »erworbenen« Stuten sind ja auch mit ihm verwandt und scheiden aus diesem Grund genauso aus dem Familienverband aus wie die Junghengste, die sich sonst mit ihren Müttern, Schwestern, Tanten oder Nichten paaren könnten.

Anders sieht die Sache bei Löwen aus. Hier können sich die

Rudellöwinnen »leisten«, miteinander in gerader Linie verwandt zu sein und zusammenzubleiben. Die soziale Organisation bei Löwen sieht vor, daß die Männer ausgewechselt werden, wodurch alle paar Jahre fremde Löwenmänner »neues Blut« in die Rudel bringen. Das ist bei Zebras nicht in dem Umfang üblich; ein Zebrahengst bleibt meist bis zu seinem Tod in seiner Familie.

Bei alledem muß man natürlich auch berücksichtigen, in welchem Alter die einzelnen Individuen tatsächlich geschlechtsreif werden. Im allgemeinen fällt das Ausscheiden aus der Familiengruppe zusammen mit der Geschlechtsreife. Guerezaweibchen – Guerezas sind schwarz-weiße, laubfressende, langschwänzige Affen, die zumeist in den Baumkronen zusammenhängender Wälder leben – werden z. B. mit vier Jahren geschlechtsreif; in diesem Alter verlassen die Männchen die Gruppe. So wird verhindert, daß sie sich mit ihren Halbschwestern und Kusinen paaren. Bei den Meerkatzen sind die Männchen beim Verlassen der Gruppe etwa dreieinhalb bis vier Jahre alt, während die Weibchen mit drei Jahren geschlechtsreif sind.

Ein ungewöhnliches, dabei einfaches Mittel, daß sich Kinder nicht mit ihren Eltern verpaaren können, besteht darin, daß beide Eltern oder nur ein Elternteil sich überhaupt nur ein einziges Mal fortpflanzen und nach der Befruchtung oder Eiablage sterben. Bei den Säugetieren ist nur von einer insektenfressenden Beutelmaus aus Australien bekannt, daß die Männchen nach der Begattung sterben. Üblich ist diese sogenannte »Semelparität« bei manchen Insekten, aber auch bei Spinnen und einigen anderen Gliedertieren mit kurzer Lebensdauer. Neben den vielen biologischen Folgen dieses Verhaltens ist auch die Gewährleistung zu erwähnen, daß semelpare Arten sich auch nicht mit ihren Nachkommen paaren können.

Störender Geruch

Die Vermeidung von Inzucht wird bei einigen Arten durch Geruchsstoffe bewirkt. Bei manchen Nagetieren aus der Familie der Mäuseartigen verhindern Geruchsstoffe, die von alten Weibchen produziert werden, daß jüngere geschlechtsreife Artgenossinnen trächtig werden. Bei ihnen kommt es zwar zum Eisprung, sie paaren sich, und es tritt sogar eine Befruchtung ein. Die jungen Embryonen nisten sich – ausgelöst durch die Geruchsstoffe der alten Weibchen – jedoch nicht in der Gebärmutterschleimhaut ihrer Mütter ein. Sie sterben ab und werden ausgestoßen. Dieser nach dem Entdecker benannte »Vandenbergh-Effekt« verhindert eine Häufung von Verwandten am gleichen Platz und damit deren Vermehrung untereinander. Auch Männchen können durch Gerüche zur Inzuchtvermeidung beitragen. Bei Hausmäusen fördern solche Gerüche das Einsetzen der Geschlechtsreife bei jungen Artgenossinnen, zumindest erhöhen sie die Häufigkeit, mit der bei diesen ein Eisprung stattfindet. Dieser wiederum nach dem Entdecker benannte Whitten-Effekt wird allerdings nur durch fremde Männchen ausgelöst. Bei Verwandten wird die Geschlechtsreife von Weibchen gleicher Abstammung durch solche Geruchsstoffe weder ausgelöst noch beschleunigt. Ein ähnlicher, ebenfalls geruchlicher Einfluß liegt dem nach seiner Entdeckerin benannten Bruce-Effekt zugrunde. Wurde eine Maus von einem verwandten Männchen begattet, kommt es zum Abbruch der Trächtigkeit, chemisch bedingtem Zugrundegehen und Aufsaugen der bereits in der Gebärmutterschleimhaut eingenisteten und wachsenden Embryonen, sobald das trächtige Tier Geruchsstoffe fremder, ihm bisher unbekannter Männchen wahrnimmt. Diese Männchen qualifizieren sich also geruchlich als Nicht-Verwandte; die Kopulation mit ihnen verhindert die Inzucht.

Epilog: Der Mensch ist ein Tier unter Tieren

Seit Charles Darwin wissen wir, daß Menschen tierliche Vorfahren haben. Darwins Zeitgenossen war das peinlich. Man verdrehte die Aussage des großen britischen Biologen so, als habe er gesagt, der Mensch stamme vom Affen ab – womöglich noch von heute lebenden Arten. Ein Schimpanse als Urururururahne? Dieser Gedanke ist vielen von uns auch heute noch überaus unangenehm. Die Sache mit der Abstammung vom Affen ist inzwischen aber so interpretiert, wie Darwin es wirklich meinte. Diese moderne Auslegung gefällt wohl den letzten Gegnern der Abstammungslehre schon eher: Die heutigen Affen haben dieselben Vorfahren wie wir Menschen, ihre gemeinsamen Vettern sind jedoch inzwischen längst ausgestorben und wieder von der Erde verschwunden. Die neue Zeit hat uns von den dogmatischen Zwängen befreit, und wir dürfen über manche Einzelheiten unserer Herkunft ohne schlechtes Gewissen gegenüber philosophischen oder religiösen Glaubenssätzen nachdenken. So können wir heute feststellen, wie ähnlich wir den Tieren sind. Schon der kaltblütige Salamander hat fünf Finger. Der stammesgeschichtlich noch ältere Dorsch sieht seine Unterwasserwelt durch ein Auge, das wie unser eigenes eine farbige Regenbogenhaut, eine Pupille und einen Augapfel mit einer glasklar durchsichtigen Hornhaut hat. Noch auffälliger sind Ähnlichkeiten in den Bedürfnissen und Verhaltensweisen zwischen uns und unseren tierlichen Vorfahren. Sie alle –

wir alle wollen als Einzelindividuen leben und überleben. Wir alle brauchen Nahrung. Wir alle müssen trinken. Jeder beansprucht Platz für sich allein. Fast alle streben nach Rang. Ruhe und Schlaf sind Grundbedürfnisse, die uns gemeinsam sind. Die Befriedigung dieser Bedürfnisse und noch vieler anderer, die wir hier nicht ausdrücklich erwähnen, sind uns in unserem Erbgut einprogrammiert.

Ohne daß wir uns darüber klar sind, stellt das durch angeborene Verhaltensweisen geregelte Streben nach Überleben des einzelnen die wichtigste Voraussetzung für die Fortpflanzung dar. Auch und gerade das Bemühen um Weitergabe des eigenen Erbgutes an die nächsten Generationen, ist eine ganz selbstverständliche Gemeinsamkeit von Mensch und Tier. Das gilt in ganz besonderem Ausmaß für die geschlechtliche Fortpflanzung. Eigentlich müßten wir dabei ausdrücklich von einer zweigeschlechtlichen Fortpflanzung sprechen, denn Eltern gehören schließlich verschiedenen Geschlechtern an. Weibchen – insbesondere Mütter – bewältigen ihr Leben oft ganz anders als die Männchen; sie vollziehen ihre Aufgaben in einer von ihrem Geschlecht abhängigen Spezialisierung. Mit all diesen Tieren verbindet uns das Wissen um die sexuelle Unterschiedlichkeit von männlichem und weiblichem Geschlecht. Ganz unterschwellig erfolgt gedanklich eine artübergreifende Solidarisierung aller Weibchen untereinander und aller Männchen untereinander. Diese Verbundenheit erschwert unbewußt auch die Gleichstellung von Mann und Frau. Die meisten Menschen empfinden es nicht als peinlich, mit den Tieren viele Voraussetzungen zur Erhaltung des eigenen Lebens gemein zu haben. So wissen sie, daß Tiere – genau wie wir Menschen – Nahrung und Flüssigkeit aufnehmen müssen, mit Artgenossen friedlich oder unfriedlich zusammenleben, Schutz vor Freßfeinden anstreben und allerlei andere Bedürfnisse haben, die den unsrigen gleichen. In der Frage der Sexualität differenzieren wir Menschen deutlicher zwischen uns und den Tieren. Für uns selbst können wir nicht immer eine scharfe Trennung von Sexualität einerseits, Eros und Liebe andererseits vornehmen. Die Tiere liefern uns für die anderen Funktionen, die wir mit ihnen gemeinsam haben, gute Modelle. Essen, Trinken und Schlafen akzeptieren wir bei ihnen grundsätzlich als sehr ähnlich wie bei uns Menschen. Aber Erotik bei Tieren? Gibt's ja wohl nicht. Und Liebe? Auch nicht. Oder vielleicht sogar: erst recht nicht. Die Zustimmung zu den von Darwin behaupteten grundsätzlichen Ähnlichkeiten zwischen Mensch und Tier fällt bei der Sexualität viel schwerer. Vielleicht existieren auch in unserem aufgeklärten Zeitalter gerade in diesem Bereich noch erhebliche Reste der peinlichen Vorstellungen, wir könnten uns wohl doch wie Tiere verhalten oder gar Tiere sein.

Der Ablauf mancher sexueller Verhaltensweisen scheint zu belegen: Die Tiere machen es genau wie wir. Aber das stimmt aus zweierlei Gründen nicht. Einmal, weil es bei ihnen ohne Erotik und ohne Liebe abgeht. Zum anderen müßte man unter Berufung auf die Stammesgeschichte sagen: Die Tiere machen es gar nicht wie wir, sondern wir machen es wie die Tiere. Und da geht die Peinlichkeit für viele weiter. Obwohl wir die teilweise von heuchlerischer Prüderie diktierten Tabus über unser menschliches Sexualverhalten bis an die Schamgrenze abbauen, möchten wir doch nicht unser differenziertes Sexualleben mit dem der Tiere verglichen haben. Wir sind keine Kaninchen! Und bei aller Freizügigkeit sexueller Aktivitäten: Ganz so wie die Tiere machen wir es ja auch wirklich nicht. Vielleicht sollte man sagen: . . . machen wir es – entwicklungsgeschichtlich gesehen – *nicht mehr.*

Das spezifisch Menschliche in allen sexuellen Dingen finden wir durchaus geeignet, uns deutlich von den Tieren abzusetzen. So ist Scham ein untrennbar mit unserem Menschsein

verbundenes Kennzeichen menschlicher Sexualität. Bei Tieren gibt es keine Scham.
Wie es mit Erotik und Liebe bestellt ist, kann im Rahmen dieses Buches nicht weiter diskutiert werden. Kein Zweifel: Beide unterscheiden uns tatsächlich von den Tieren. Die ungeheuerliche Vielfalt, mit der die geschlechtliche Vermehrung im Tierreich abläuft, zeigt aber, daß auch Erotik und Liebe nur Varianten des Grundthemas Fortpflanzung sind. Die Kopula beim Reh, selbst beim Storch oder beim Krokodil unterscheidet sich von der bei uns Menschen nicht annähernd so deutlich wie etwa der Begattungsmodus eines Buntbarsches von dem einer Webspinne, einer Krake oder einer Auster. Die Sexualität, die nur beim Menschen als Liebesleben bezeichnet werden kann, hat in der Natur so unendlich viele verschiedene Ausdrucksformen, daß man allein daran ermessen mag, welche große Bedeutung ihr zukommt.

Register